民事調停の理論と実務
【第二版】

秩父簡易裁判所判事 三 好 一 幸 著

司 法 協 会

は　し　が　き

　民事調停は，民事訴訟と並んで，民事の紛争解決に重要な役割を果たしています。

　その民事調停手続に関連する新しい非訟事件手続法と非訟事件手続規則が，平成25年1月1日から施行されています。この非訟事件手続法は，明治31年に制定された旧非訟事件手続法を全面的に見直して制定されたものです。

　民事調停手続には，特別の定めがある場合を除いて，その性質に反しない限り，非訟事件手続法と同規則の規定が準用される（民調法22条，民調規則24条）ため，民事調停手続は，新しい非訟事件手続法と同規則の規定の影響を大きく受けることになりました。

　そのため，本書では，民事調停法，民事調停規則，非訟事件手続法及び非訟事件手続規則を関連させ，簡潔な解説を加え，根拠となる裁判例・学説を掲げています。

　なお，本書の原稿の段階で，「民事訴訟の理論と実務」に引き続いて今井功先生（元最高裁判所判事・弁護士）に目を通していただき，貴重な御指摘をいただきました。ここに御礼申し上げます。

　　平成28年3月　　　　　　　　　　　　　　　　　　　三　好　一　幸

第 二 版 は し が き

　本書の初版発行から6年が経過しました。第二版では，その間の民法や農地法等の改正に合わせて関連する箇所の記述を改め，また，調停における事実認定や証明度についての記述を新たに加えました。

　本年は，わが国における最初の調停制度（借地借家調停）が大正11年に施行されて，100年の節目の年にあたります。裁判所における紛争解決手続である民事調停が，法的観点を踏まえた調停運営により，民事訴訟と並んで積極的に利用されることを期待しています。

　　令和4年1月　　　　　　　　　　　　　　　　　　　三　好　一　幸

目　　　次

文献，判例凡例

民集	最高裁判所民事判例集
裁判集民	最高裁判所裁判集民事
高民集	高等裁判所民事判例集
東高民時報	東京高等裁判所民事判決時報
下民集	下級裁判所民事裁判例集
行例集	行政事件裁判例集
交民集	交通事故民事裁判例集
判例解説	最高裁判所判例解説民事篇
判時	判例時報
判タ	判例タイムズ
金融法務	金融法務事情
金融商事	金融・商事判例
逐条非訟法	逐条解説非訟事件手続法（商事法務）
条解非訟規則	条解非訟事件手続規則
逐条解説	民事調停法規逐条解説
民調法	民事調停法
民調規則	民事調停規則
特調法	特定債務等の調整の促進のための特定調停に関する法律
特調規則	特定調停手続規則
調停官規則	民事調停官及び家事調停官規則
調停委員規則	民事調停委員及び家事調停委員規則
非訟法	非訟事件手続法
非訟規則	非訟事件手続規則
民訴法	民事訴訟法
民訴規則	民事訴訟規則
民訴費用法	民事訴訟費用等に関する法律

第1編　民事調停の基礎

第1章　民事調停の意義

第1　民事調停の意義

1　民事調停の意義

民事調停は，民事に関して紛争が生じたときに行われる調停で，民事調停法に規定された調停である。主として簡易裁判所において行われる。

2　民事調停事件の種類

民事調停事件には次の8種類がある。

- (1)　民事一般調停事件　（事件記録符号(ノ)）民調法2条
- (2)　宅地建物調停事件　（同符号(ユ)）　　同法24条，24条の2
- (3)　農事調停事件　　　（同符号(セ)）　　同法25条
- (4)　商事調停事件　　　（同符号(メ)）　　同法31条
- (5)　鉱害調停事件　　　（同符号(ス)）　　同法32条
- (6)　交通調停事件　　　（同符号(交)）　　同法33条の2
- (7)　公害等調停事件　　（同符号(公)）　　同法33条の3
- (8)　特定調停事件　　　（同符号（特ノ））特調法1条

民事一般調停事件は，民事紛争に関する調停事件で，(2)～(8)のいずれにも該当しないものである。(2)～(8)については，後述する。（第2編事件種類別の特則，175頁以下）

令和2年の司法統計年報によると，民事調停事件の申立ての内訳は，民事一般調停が約57パーセント，宅地建物調停が約13パーセント，商事調停が約13パーセント，交通調停が約7パーセント，特定調停が約9パーセント等となっている。

第2　調停制度の歴史

1　調停制度の発足

調停制度は，大正11年（1922年）10月1日に，借地借家調停法が施行されたことにより発足した。大正13年（1924年）には小作調停法，大正15年（1926年）には商事調停法が施行されて，調停で取り扱える紛争の種類が増加した。

2　民事調停法の施行

昭和26年（1951年）には，**民事調停法**（同年法律第222号）が施行され，家事調停を除く各種の調停を民事調停として統合し，民事調停が，簡易裁判所で取り扱われることとなった。

3　民事調停法の改正

　　昭和49年（1974年）の民事調停法（同年法律第55号）の改正では，それまでのような単なる合意の斡旋にとどまらないで，適正な事実認定に基づく的確な法律的判断を背景とした合理的な説得によって，積極的に当事者の合意の成立をはかることが望ましい調停であるとされ，調停の紛争解決機能の充実強化がはかられた。

　　最近では，平成23年（2011年）の「非訟事件手続法及び家事事件手続法の施行に伴う関係法律の整備等に関する法律」（同年法律第53号）により，民事調停法の改正が行われている。

第3　民事調停の目的

> 　この法律は，民事に関する紛争につき，当事者の互譲により，条理にかない実情に即した解決を図ることを目的とする。　　　　　　　　（民調法1条）

1　民事調停の対象

　　民事調停の対象となるのは民事に関する紛争である。

　(1)　紛争の存在

　　　民事訴訟においては，「将来の給付を求める訴えは，あらかじめその請求をする必要がある場合に限り，提起することができる。」（民訴法135条）とされているが，民事調停における紛争性については，ゆるやかに解してよい。

【判例①】現在全く紛争がない場合でも，調停調書の記載が裁判上の和解と同一の効力を有するという効果に着目して，将来の紛争を防止するため，当事者間の法律関係を調停調書に明確にし，又は単に債務名義を得る目的をもって調停の申立をなすことも許される。（東京高判昭28・4・23下民集4巻4号611頁）

　　　権利関係自体には争いがないが，将来の権利の実行に不安があり，その不安を除去するため，債務名義を得る目的で調停申立てをする場合でもよい。

【判例②】調停を開始するについて，争いがあるときとは，実体上の権利関係につき争いがある場合に限られるべきではなく，これを広く解し，権利関係自体には争いがないが，右調停が裁判上の和解と同一の効力を有することよりして将来の権利の実行に不安があり，その不安を除去するため，単に債務名義を取得しようとする場合をも含むものと解するのが相当である。（仙台高判昭35・7・25下民集11巻7号1594頁）

　(2)　民事に関する紛争

　　　民事に関する紛争とは，法律的な処理の可能な紛争であって，裁判所の判断に適しない純粋に政治的，学術的な争いなどは調停の対象とならない。（逐

条解説 6 頁）

【判例③】民事調停の申立において申立人が紛争の要点として述べるところが，結局徳義上の問題にとどまるときは，民事調停法にいう「民事に関する紛争」には該当しない。（高松高決昭46・3・29判時633号77頁，判タ261号209頁）

(3)　行政に関する紛争

　ア　行政に関する紛争と民事調停

　　行政に関する紛争であっても，当事者が調停物及びこれに関連する公法上の法律関係を処分しうる権能を有する限り，民事調停を行うことができる。

【判例④】行政訴訟においても，当事者が訴訟物及びこれに関連する公法上の法律関係を処分しうる権能を有する限り，裁判上の和解をすることは可能である。（長崎地判昭36・2・3行例集12巻12号2505頁）

　イ　議会の議決

> 　普通地方公共団体の議会は，次に掲げる事件を議決しなければならない。
> 十二　普通地方公共団体がその当事者である審査請求その他の不服申立て，訴えの提起（略），和解（略），あつせん，調停及び仲裁に関すること。
> 十三　法律上その義務に属する損害賠償の額を定めること。
>
> 　　　　　　　　　　　　　　　　　　　　　　　（地方自治法96条 1 項）

(4)　調停物

　ア　民事調停における調停物

　　調停物とは，民事調停において当事者が求める権利又は法律関係である。

　　調停物は，民事訴訟における訴訟物に準ずるものである。

　イ　民事訴訟における訴訟物

　　訴訟物とは，民事訴訟における審判の対象（訴えの内容をなす訴訟上の請求）である。

(5)　請求金額の制限の有無

　　簡易裁判所の民事訴訟では，「訴訟の目的の価額が140万円を超えない請求」であることが必要とされる（裁判所法33条 1 項 1 号）が，民事調停では，請求金額の制限はない。

2　当事者の互譲

　民事調停における互譲の方法や程度については，法律上の制限はなく，広く解してよい。

(1)　互譲の方法

　　調停において係争物以外の物の給付を約することは，調停の本質に反しない。

【判例⑤】調停における譲歩の方法については，法律は制限を設けていないのであるから，当事者が調停において譲歩の方法として係争物に関係なき物の給付を約することは調停の本質に反しない。（最2小判昭27・2・8民集6巻2号63頁，判タ19号60頁）

(2)　互譲の程度

　　一方の当事者の全面的譲歩によって成立した調停であっても，調停調書は有効である。

【判例⑥】民事調停法1条の法意に徴し，民事調停における合意が当事者の互譲によって成立することを予想していることが窺い知れるが，そのことは例外的に一方当事者の譲歩によって，他方当事者の主張が全面的に容認せられた合意の成立する場合を排除するものと解すべきでない。（長野地飯田支判昭31・4・9下民集7巻4号903頁，判タ57号70頁）

3　裁判規範と調停規範

(1)　裁判規範

　　裁判規範とは，裁判の準則である法規範のことをいう。

(2)　調停規範

　　調停規範とは，調停の準則である法規範及び条理をいう。

4　条理

(1)　条理の意義

　　条理とは，事物の本質的法則である。いわゆる道理であって，社会通念，公序良俗（163頁），信義誠実の原則（170頁）等の名称で表現されることもある。

(2)　裁判規範・調停規範としての条理

　　条理は，裁判規範・調停規範としては，法の欠缺を補充する解釈上及び裁判上の基準となる。

5　民調規則の趣旨

　民事調停法（昭和26年法律第222号。以下「法」という。）による調停に関しては，法に定めるもののほか，この規則の定めるところによる。

（民調規則1条）

第4　民事調停事件

> 民事に関して紛争を生じたときは，当事者は，裁判所に調停の申立てをする
> ことができる。　　　　　　　　　　　　　　　　　　　　（民調法2条）

1　調停の本質論

後に述べるように，調停の法的性質については，両行為競合説（両性説）が
実務の通説であるが（149頁），調停の本質論は，調停の本質として当事者の合
意と公権的判断のいずれを重視するかの問題である。

(1)　調停合意説

調停合意説は，当事者の合意をもって調停の本質とみる。

(2)　調停裁判説

調停裁判説は，当事者の合意は調停成立の要件ではあるが，調停は，調停
委員会が公権的判断として調停案を提示し，当事者の合意を調書に記載する
ことによってなす裁判であるとする。

2　調停合意説から調停裁判説へ

民事調停の本質については，調停合意説が従来の通説とされているが，近時
は，事実認定や法的判断を重視する調停裁判説も有力になってきている。

第5　非訟事件手続法等の準用

1　訴訟事件と非訟事件

(1)　訴訟事件

裁判所の扱う民事事件のうち，当事者間の権利義務の存否を確定するもの
である。

訴訟事件は，弁論主義により，対審は公開で行われ（憲法82条1項），裁
判は判決（又は決定）で行う。

(2)　非訟事件

裁判所の扱う民事事件のうち，当事者間の権利義務の具体的内容の形成を
するものである。

非訟事件は，職権探知主義により（非訟法49条1項），手続は非公開で行
われ（30条），裁判は決定で行う（54条）。

職権探知主義とは，事実の確定に必要な資料の探索を裁判所の職責とする
原則である。

(3)　訴訟事件と非訟事件の区別

判例は，既存の権利義務の確定を目的とする事件は訴訟事件であり，裁判
所の裁量的判断による権利義務の具体的内容の形成を目的とする事件が非訟

事件であるとしている。

【判例⑦】法律上の実体的権利義務自体に争いがあり，これを確定するには，公開の法廷における対審および判決によるべきものと解する。家庭裁判所が後見的立場から，合目的の見地に立って，裁量権を行使してその具体的内容を形成する裁判は，本質的に非訟事件の裁判であって，公開の法廷における対審および判決によって為すことを要しない。（最大決昭40・6・30民集19巻4号1089頁，判時413号3頁，判タ178号203頁）

2　非訟事件手続法の準用

(1)　非訟法の趣旨

> この法律は，非訟事件の手続についての通則を定めるとともに，民事非訟事件，公示催告事件及び過料事件の手続を定めるものとする。　（非訟法1条）

非訟事件手続法（平成23年法律第51号）は，第二編（3条〜84条）において，「非訟事件の手続の通則」を定めている。

(2)　非訟法第二編の適用範囲

> 非訟事件の手続については，次編から第五編まで及び他の法令に定めるもののほか，この編の定めるところによる。　（非訟法3条）

(3)　民事調停に関する非訟法の準用

> 特別の定めがある場合を除いて，調停に関しては，その性質に反しない限り，非訟事件手続法第二編の規定を準用する。ただし，同法第40条及び第52条の規定は，この限りでない。　（民調法22条）

民事調停事件は，その性質が非訟事件であるから，民事調停法に特別の定めがある場合を除いて，非訟事件手続法第二編（非訟事件の手続の通則，3条〜84条）の規定が包括的に準用されている。

第二編の規定のうち，準用されないのは，40条（検察官の関与）及び52条（事実の調査の通知）である。

なお，民事調停事件は，話合いによる紛争の解決という面を重要な要素としており，非訟法3条に規定する非訟事件そのものではないと考えられるため，非訟法を「適用」するのではなく，「準用」することとされている。

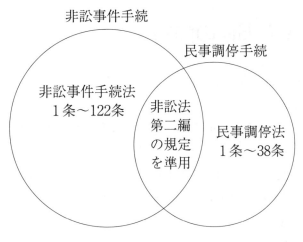

非訟事件手続

民事調停手続

非訟事件手続法
1 条〜122条

非訟法
第二編
の規定
を準用

民事調停法
1 条〜38条

民事調停に，非訟法のうち
3 条〜84条を準用している。

3　非訟事件手続規則の準用

> 　特別の定めがある場合を除いて，調停に関しては，その性質に反しない限り，非訟事件手続規則の規定を準用する。ただし，同規則第44条及び第49条第 2 項の規定は，この限りでない。　　　　　　　　　　　　　　（民調規則24条）

　民事調停事件には，民事調停規則に特別の定めがある場合を除いて，非訟事件手続規則（平成24年最高裁判所規則第 7 号）の規定が包括的に準用されている。

　民事調停事件の技術的・細目的事項については，特別の定めがある場合を除いて，その性質に反しない限り，非訟事件手続規則の規定によることが相当と考えられるからである。

　非訟規則の規定のうち，準用されないのは，44条（事実の調査の要旨の記録化）及び49条 2 項（申立ての取下げの理由）である。

4　この法律に定めのない事項

> 　この法律に定めるもののほか，調停に関して必要な事項は，最高裁判所が定める。　　　　　　　　　　　　　　　　　　　　　　　　　（民調法23条）

　この法律の委任に基づいて，**民事調停規則**（昭和26年最高裁判所規則第 8 号）が定められている。

第2章　民事調停の開始

第1　民事調停事件の管轄

1　管轄の意義

管轄とは，特定の事件についていずれの裁判所が裁判権を行使するかに関する定めである。

当事者の側からみれば，具体的な民事調停事件について，どの裁判所に申立てをすればよいかということである。

2　管轄の種類

(1)　職分管轄

職分管轄とは，裁判権の行使をどの裁判所の職分とするかによる管轄である。

(2)　事物管轄

事物管轄とは，同一地を管轄する簡易裁判所と地方裁判所のいずれに担当させるかの定めである。

(3)　土地管轄

土地管轄とは，同種の職分を，所在地を異にする同種の裁判所間でそのいずれに分配するかの定めである。

(4)　法定管轄と合意管轄

管轄の生ずる根拠が，法律の規定に基づく場合が**法定管轄**，当事者の合意に基づく場合が**合意管轄**である。

3　民事調停事件の管轄

(1)　原則的管轄

民調法3条1項は，民事一般調停事件についての管轄の原則規定である。

原則として相手方の住所等を管轄する簡易裁判所が管轄裁判所とされたのは，主として，相手方の出頭の便宜を考慮したことによる。

調停事件は，特別の定めがある場合を除いて，相手方の住所，居所，営業所若しくは事務所の所在地を管轄する簡易裁判所又は当事者が合意で定める地方裁判所若しくは簡易裁判所の管轄とする。　　　　　　　　（民調法3条1項）

民事訴訟事件においては，義務履行地の管轄（民訴法5条1号）が定められているが，民事調停事件においては，その定めはない。

その他の種類の調停事件のうち，商事調停事件の管轄は民事一般調停事件

と同じであるが，宅地建物調停事件，農事調停事件，鉱害調停事件，交通調
停事件，公害等調停事件については管轄の特別規定がある。（第2編事件種
類別の特則，175頁以下）

(2)　合意管轄

ア　合意管轄の意義

　　合意管轄とは，前述のとおり，当事者の合意により定められた管轄であ
る。

イ　合意管轄の適用

　　合意管轄は，事物管轄については鉱害調停事件（後記187頁）を除く全
ての調停事件について認められており，土地管轄については民事一般調停
事件，商事調停事件，交通調停事件，公害等調停事件及び特定調停事件に
認められている。

　　契約書に訴訟のみの管轄合意がある場合，調停の管轄合意があるとはい
えないとされた裁判例がある。

【判例⑧】契約書の条項が，その文言上，訴訟についての管轄を定めるものである
　　　ことは明らかであるところ，同条項をもって，訴訟のみならず調停につい
　　　ても管轄合意があったと解釈することは，調停を起こされる側の出頭を困
　　　難にし，調停の円滑な進行を阻害することになりかねず，相当でないとさ
　　　れた事例。（大阪地決平29・9・29判時2369号34頁，判タ1448号188頁）

(3)　管轄一覧表

	法　定　管　轄	合　意　管　轄
民事一般調停	相手方の住所，居所，営業所又は事務所の所在地を管轄する簡易裁判所（3条1項）	任意の地方裁判所又は簡易裁判所（3条1項）
宅地建物調停	紛争の目的である宅地又は建物の所在地を管轄する簡易裁判所（24条）	同所在地を管轄する地方裁判所（24条）
農事調停	紛争の目的である農地等の所在地を管轄する地方裁判所（26条）	同所在地を管轄する簡易裁判所（26条）
商事調停	相手方の住所，居所，営業所又は事務所の所在地を管轄する簡易裁判所（3条1項）	任意の地方裁判所又は簡易裁判所（3条1項）
鉱害調停	損害の発生地を管轄する地方裁判所（32条）	×　合意管轄は不可
交通調停	相手方の住所，居所，営業所又は事務所の所在地を管轄する簡易裁判所（3条1項） 損害賠償を請求する者の住所又は居所の所在地を管轄する簡易裁判所（33条の2）	任意の地方裁判所又は簡易裁判所（3条1項）
公害等調停	相手方の住所，居所，営業所又は事務所の所在地を管轄する簡易裁判所（3条1項） 損害の発生地又は損害が発生するおそれのある地を管轄する管轄する簡易裁判所（33条の3）	任意の地方裁判所又は簡易裁判所（3条1項）
特定調停	民事一般調停と同じ	民事一般調停と同じ

(4)　日本国内に相手方の住所等がない場合

　　ア　自然人

　　調停事件は，日本国内に相手方（法人その他の社団又は財団を除く。）の住所及び居所がないとき，又は住所及び居所が知れないときは，その最後の住所地を管轄する簡易裁判所の管轄に属する。　　　　　　　　（民調法3条2項）

　イ　法人等

```
　調停事件は，相手方が法人その他の社団又は財団（外国の社団又は財団を除
く。）である場合において，日本国内にその事務所若しくは営業所がないとき，
又はその事務所若しくは営業所の所在地が知れないときは，代表者その他の主
たる業務担当者の住所地を管轄する簡易裁判所の管轄に属する。（同条３項）
```

　ウ　外国の社団等

```
　調停事件は，相手方が外国の社団又は財団である場合において，日本国内に
その事務所又は営業所がないときは，日本における代表者その他の主たる業務
担当者の住所地を管轄する簡易裁判所の管轄に属する。　　　　　（同条４項）
```

(5)　管轄裁判所の指定

　　　管轄裁判所が法律上又は事実上調停事件を扱うことができない場合につい
　　ては，民調法22条により非訟法７条が準用される。

```
　管轄裁判所が法律上又は事実上裁判権を行うことができないときは，その裁
判所の直近上級の裁判所は，申立てにより又は職権で，管轄裁判所を定める。
　　　　　　　　　　　　　　　　　　　　　　　　　　　　（非訟法７条１項）
　裁判所の管轄区域が明確でないため管轄裁判所が定まらないときは，関係の
ある裁判所に共通する直近上級の裁判所は，申立てにより又は職権で，管轄裁
判所を定める。　　　　　　　　　　　　　　　　　　　　　　　　（同条２項）
　前２項の規定により管轄裁判所を定める裁判に対しては，不服を申し立てる
ことができない。　　　　　　　　　　　　　　　　　　　　　　　（同条３項）
　第１項又は第２項の申立てを却下する裁判に対しては，即時抗告をすること
ができる。　　　　　　　　　　　　　　　　　　　　　　　　　　（同条４項）
```

(6)　管轄の標準時

　　　調停事件の管轄の標準時については，民調法22条により非訟法９条が準用
　　される。

```
　裁判所の管轄は，非訟事件の申立てがあった時又は裁判所が職権で非訟事件
の手続を開始した時を標準として定める。　　　　　　　　　（非訟法９条）
```

　　　相手方の住所地等を管轄する裁判所（民調法３条１項）に調停を申し立て
　　た後に，相手方が転居してその裁判所の所在地に管轄等がなくなっても，そ
　　の裁判所で引き続き調停手続を行うことができる。

(7)　管轄権の有無の調査

　　管轄権の有無は，相手方の管轄違いの申立てをまって調査するのではな
く，職権調査事項である。

第 2　移送

1　移送

(1)　移送の意義

　　移送とは，事件の申立てを受けた裁判所が，他の裁判所に事件処理を委ね
ることである。

(2)　移送の申立ての方式

　　移送の申立ての方式については，民調規則24条の準用する非訟規則 7 条が
更に準用する民訴規則 7 条による。

ア　民訴規則の準用

民事訴訟規則第 7 条及び第 9 条の規定は，非訟事件の移送について準用す
る。
　　　　　　　　　　　　　　　　　　　　　　　　　　　　（非訟規則 7 条）

　イ　移送の申立ての方式

移送の申立ては，期日においてする場合を除き，書面でしなければならない。
　　　　　　　　　　　　　　　　　　　　　　　　　　　（民訴規則 7 条 1 項）

前項の申立てをするときは，申立ての理由を明らかにしなければならない。
　　　　　　　　　　　　　　　　　　　　　　　　　　　　　（同条 2 項）

【移送申立書】

事件番号　令和　年（　）第　　　号　　　　　　　　事件
申立人
相手方

移　送　申　立　書

令和　年　月　　日

　　○○簡易裁判所　御中

申立人　　　　　　　　　　　（印）

　頭書事件につき，申立人は，下記のとおり調停の移送申立てをする。

記

第1　申立ての趣旨

第2　申立ての理由

— 43 —

2　管轄違いの場合の移送

(1)　管轄裁判所への移送

　　　管轄違いの場合，民調法4条1項本文により，管轄裁判所に移送する。

　　　当事者が本来の管轄裁判所で調停手続を行うことができる権利を有していることに配慮して，当事者に，移送の申立権が認められている。

　裁判所は，調停事件の全部又は一部がその管轄に属しないと認めるとき（次項本文に規定するときを除く。）は，申立てにより又は職権で，これを管轄権のある地方裁判所又は簡易裁判所に移送しなければならない。ただし，事件を処理するために特に必要があると認めるときは，職権で，土地管轄の規定にかかわらず，事件の全部又は一部を他の管轄裁判所に移送し，又は自ら処理することができる。　　　　　　　　　　　　　　　　　　　　　　（民調法4条1項）

　　　管轄違いには，事物管轄についてのものと土地管轄についてのものがある。

ア　事物管轄の管轄違いの場合

　　　事物管轄のある裁判所に移送しなければならない。

イ　土地管轄の管轄違いの場合

(ア)　土地管轄のある裁判所への移送

(イ)　自庁処理

a　自庁処理の意義

　　　自庁処理は，土地管轄のない場合に，移送をすることなく受調停裁判所が自ら処理することである。

　　　事物管轄のない場合に，自庁処理をすることは，原則としてできない。

　　　自庁処理は，非訟事件一般には存しない制度であるため，非訟法の特則として民調法において定められている。自庁処理は，職権による。

b　不服申立て

　　　自庁処理決定に対しては即時抗告をすることが認められておらず，自庁処理決定がされると管轄裁判所が確定してしまい，その後に移送の申立てをすることはできなくなる。したがって，自庁処理決定をする前に，当事者に移送の申立てをする機会を保障することが必要になる。最高裁判所規則においては，自庁処理決定をするに際して当事者に意見を聴取することができるとしているが（民事調停規則第2条），それは実質的にそのような機会を保障するための一方法として規定されているものである。（逐条非訟法437頁）

　　民調法4条1項ただし書は，自庁処理が当事者の便益及び事件の妥当な処理に資する場合があることを考慮して，裁判所の健全な裁量により土地管轄を緩和することができることを認める趣旨である。本条は，自庁処理が，当該裁判所に管轄権を生じさせる効果を有する裁判であることを前提としているが，自庁処理の裁判に対しては，即時抗告は認められないので，これにより不利益を受ける当事者は，裁判所に裁量移送の職権発動を促すこととなる。（条解非訟規則300頁）

(2)　家庭裁判所への移送

> 　裁判所は，調停事件の全部又は一部がその管轄に属しないと認める場合であって，その事件が家事事件手続法（平成23年法律第52号）第244条の規定により家庭裁判所が調停を行うことができる事件であるときは，職権で，これを管轄権のある家庭裁判所に移送しなければならない。ただし，事件を処理するために特に必要があると認めるときは，土地管轄の規定にかかわらず，事件の全部又は一部を他の家庭裁判所に移送することができる。（民調法4条2項）
> 　家庭裁判所は，人事に関する訴訟事件その他家庭に関する事件（別表第一に掲げる事項についての事件を除く。）について調停を行うほか，この編の定めるところにより審判をする。　　　　　　　　　　　　　（家事事件手続法244条）

　　民調法4条2項は，職分管轄の管轄違いの取扱いについて定める。

　　民事調停事件にも家事調停事件にもなり得る事件（例として親族間で行われた金銭消費貸借に関する事件）については，2項の対象とはならない。

　　2項ただし書は，事件を処理するために特に必要があると認めるときは，土地管轄を有しない家庭裁判所に移送することができることを定めている。

3　管轄裁判所の裁量移送

> 　裁判所は，調停事件がその管轄に属する場合においても，事件を処理するために適当であると認めるときは，職権で，土地管轄の規定にかかわらず，事件の全部又は一部を他の管轄裁判所に移送することができる。（民調法4条3項）

　　民調法4条3項は，管轄権を有する裁判所が複数ある場合が前提となる。先に申し立てた管轄裁判所に優先管轄が生じた場合に他の裁判所に移送する場合がこれに当たる。土地管轄はないが事物管轄のある裁判所への移送も認められる。

4　簡易裁判所の裁量移送等

(1)　移送等に関する民訴法の準用

移送等については，民調法22条により非訟法10条が準用される。

> 民事訴訟法第16条（第2項ただし書を除く。），第18条，第21条及び第22条の規定は，非訟事件の移送等について準用する。 　　　　（非訟法10条1項）

ただし，民訴法16条1項の準用部分については，前出の民調法4条1項及び2項が「特別の定め」となる。

(2) 管轄違いの場合の取扱い

　ア　管轄違いによる移送

> 裁判所は，訴訟の全部又は一部がその管轄に属しないと認めるときは，申立てにより又は職権で，これを管轄裁判所に移送する。 　　（民訴法16条1項）

　イ　地方裁判所の自庁処理

> 地方裁判所は，訴訟がその管轄区域内の簡易裁判所の管轄に属する場合においても，相当と認めるときは，前項の規定にかかわらず，申立てにより又は職権で，訴訟の全部又は一部について自ら審理及び裁判をすることができる。
> 　　　　（同条2項本文）

(3) 簡易裁判所から地方裁判所への裁量移送

　ア　簡易裁判所の裁量移送

　　簡易裁判所は，民調法22条の準用する非訟法10条1項が更に準用する民訴法18条により，調停事件の裁量移送をすることができる。

> 簡易裁判所は，訴訟がその管轄に属する場合においても，相当と認めるときは，申立てにより又は職権で，訴訟の全部又は一部をその所在地を管轄する地方裁判所に移送することができる。 　　　　（民訴法18条）

　イ　裁量移送における取扱い

　　裁量移送における取扱いについては，民調規則24条により非訟規則5条が準用される。

　　簡易裁判所が，民訴法18条の裁量移送をする場合，申立てによる移送については必要的に，職権による移送については任意的に，当事者等の意見を聴取することになる。

　　㋐　申立てによる移送

裁判所は，法第6条ただし書又は法第10条第1項において準用する民事訴訟法第18条の申立てがあったときは，当事者及び利害関係参加人の意見を聴いて裁判をするものとする。　　　　　　　　　　　　　　　　（非訟規則5条1項）

　(イ)　職権による移送

裁判所は，職権により法第6条ただし書又は法第10条第1項において準用する民事訴訟法第18条の規定による移送の裁判をするときは，当事者及び利害関係参加人の意見を聴くことができる。　　　　　　　　　　　　（同条2項）

5　移送等における取扱い

裁判所は，法第4条第1項ただし書，第2項ただし書又は第3項の規定による裁判をするときは，当事者の意見を聴くことができる。　　（民調規則2条）

　　本条は，裁量移送及び自庁処理における取扱いを規定した規定である。
　　民調法4条1項ただし書，2項ただし書又は3項の裁量移送又は自庁処理は，当事者の申立てではなく職権により行われるものであるから，これらの移送等に当たっては，任意的に当事者の意見を聴取することにしている。

6　移送の裁判に対する不服申立て

　(1)　即時抗告

　　　移送の裁判は，終局決定以外の裁判（後記124頁）に当たるが，民調法22条の準用する非訟法10条1項が更に準用する民訴法21条により，即時抗告をすることができる。

移送の決定及び移送の申立てを却下した決定に対しては，即時抗告をすることができる。　　　　　　　　　　　　　　　　　　　　　（民訴法21条）

　　　移送の裁判については，当事者は重大な利害関係（裁判所への出頭の負担，資料の収集又は提出の難易等）を有することから，即時抗告が認められる。
　　　なお，自庁処理の決定に対しては，即時抗告が認められていない（前記44頁）。

　(2)　即時抗告期間

　　　移送の決定及び移送の申立てを却下した決定は，終局決定以外の裁判であるから，即時抗告期間は1週間となる。（非訟法81条，後記127頁）

　(3)　即時抗告に伴う執行停止

移送の裁判に対する即時抗告には，非訟法10条2項の準用により，執行停止の効力が認められる。

非訟事件の移送の裁判に対する即時抗告は，執行停止の効力を有する。

(非訟法10条2項)

7　移送の裁判の拘束力

調停事件の移送を受けた裁判所は，民調法22条の準用する非訟法10条1項が更に準用する民訴法22条により，移送決定に拘束されて，再移送をすることができない。

(1)　移送の裁判の拘束力

確定した移送の裁判は，移送を受けた裁判所を拘束する。(民訴法22条1項)

---

(2)　再移送の禁止

移送を受けた裁判所は，更に事件を他の裁判所に移送することができない。

(同条2項)

---

(3)　訴訟係属の擬制

移送の裁判が確定したときは，訴訟は，初めから移送を受けた裁判所に係属していたものとみなす。

(同条3項)

8　移送による記録の送付

移送による記録の送付については，民調規則24条の準用する非訟規則7条（前記42頁）が更に準用する民訴規則9条による。

移送の裁判が確定したときは，移送の裁判をした裁判所の裁判所書記官は，移送を受けた裁判所の裁判所書記官に対し，訴訟記録を送付しなければならない。

(民訴規則9条)

第3　調停機関

1　調停機関

(1)　受調停裁判所

受調停裁判所とは，現に調停事件が係属している裁判所である。

(2)　調停機関

ア　原則的調停機関と裁判官の単独調停

> 裁判所は，調停委員会で調停を行う。ただし，裁判所が相当であると認めるときは，裁判官だけでこれを行うことができる。　　　　（民調法５条１項）

受調停裁判所が調停を行うには，原則として調停委員会を構成して行わなければならず，例外的に，調停委員会を構成する時間的余裕がなく迅速な処理を要する場合や，当事者双方が裁判官だけの調停を希望する場合など，裁判所が相当であると認めるときにのみ，裁判官だけで調停を行うことができる。

イ　当事者の申立てがある場合

> 裁判所は，当事者の申立てがあるときは，前項ただし書の規定にかかわらず，調停委員会で調停を行わなければならない。　　　　　　　（同条２項）

裁判所が裁判官だけで調停を行うのを相当と認めるときでも，当事者の申立てがあるときは，調停委員会で調停を行わなければならない。

２　調停委員会

(1)　調停委員会の組織

> 調停委員会は，調停主任１人及び民事調停委員２人以上で組織する。
> 　　　　　　　　　　　　　　　　　　　　　　　　　　　　（民調法６条）

民事調停委員の数は通常は２人であるが，事件の内容によっては，特別の知識経験を持つ民事調停委員を加えて３人以上とされる場合もある。調停手続の経過によっては，手続の途中から民事調停委員の数を増やすこともできる。

(2)　調停主任の指定

> 調停主任は，裁判官の中から，地方裁判所が指定する。　（民調法７条１項）

(3)　民事調停委員の指定

> 調停委員会を組織する民事調停委員は，裁判所が各事件について指定する。
> 　　　　　　　　　　　　　　　　　　　　　　　　　　　　（同条２項）

調停委員会の構成員となる民事調停委員は，事件ごとに受調停裁判所が指定する。

具体的事件を処理する調停委員会は，その事件について民事調停委員が指定されたときに成立する。

3　裁判官

(1)　裁判官の役割

　　裁判官は，調停主任として，調停手続を指揮し（民調法12条の2，後記101頁），調停委員会における評議を主宰し，意見が可否同数のときはそれを裁決する（民調規則19条，後記117頁）。

(2)　裁判官の除斥・忌避・回避

ア　裁判官の除斥

(ア)　除斥の意義

　　除斥とは，裁判権の行使の公正を担保するため，裁判官等が事件の当事者と一定の関係がある場合に，その事件について職務執行ができないものとすることである。

(イ)　民事調停における裁判官の除斥

　　民事調停における裁判官の除斥については，民調法22条により非訟法11条が準用される。

　　裁判官は，次に掲げる場合には，その職務の執行から除斥される。ただし，第六号に掲げる場合にあっては，他の裁判所の嘱託により受託裁判官としてその職務を行うことを妨げない。

一　裁判官又はその配偶者若しくは配偶者であった者が，事件の当事者若しくはその他の裁判を受ける者となるべき者（終局決定（申立てを却下する終局決定を除く。）がされた場合において，その裁判を受ける者となる者をいう。以下同じ。）であるとき，又は事件についてこれらの者と共同権利者，共同義務者若しくは償還義務者の関係にあるとき。

二　裁判官が当事者又はその他の裁判を受ける者となるべき者の四親等内の血族，三親等内の姻族若しくは同居の親族であるとき，又はあったとき。

三　裁判官が当事者又はその他の裁判を受ける者となるべき者の後見人，後見監督人，保佐人，保佐監督人，補助人又は補助監督人であるとき。

四　裁判官が事件について証人若しくは鑑定人となったとき，又は審問を受けることとなったとき。

五　裁判官が事件について当事者若しくはその他の裁判を受ける者となるべき者の代理人若しくは補佐人であるとき，又はあったとき。

六　裁判官が事件について仲裁判断に関与し，又は不服を申し立てられた前審の裁判に関与したとき。　　　　　　　　　　　　　　（非訟法11条1項）

　　前項に規定する除斥の原因があるときは，裁判所は，申立てにより又は職権で，除斥の裁判をする。　　　　　　　　　　　　　　　　　　　　（同条2項）

イ　裁判官の忌避

　(ア)　忌避の意義

　　　忌避とは，裁判官等に職務執行の公正を疑わせるような事由がある場合に，当事者から事件について職務を執行させないように申立てをすることである。

　(イ)　民事調停における裁判官の忌避

　　　民事調停における裁判官の忌避については，民調法22条により非訟法12条が準用される。

　裁判官について裁判の公正を妨げる事情があるときは，当事者は，その裁判官を忌避することができる。　　　　　　　　　　（非訟法12条1項）

　当事者は，裁判官の面前において事件について陳述をしたときは，その裁判官を忌避することができない。ただし，忌避の原因があることを知らなかったとき，又は忌避の原因がその後に生じたときは，この限りでない。（同条2項）

　(ウ)　除斥又は忌避の裁判

　　　民事調停における裁判官の除斥又は忌避の裁判については，民調法22条により非訟法13条が準用される。

　合議体の構成員である裁判官及び地方裁判所の1人の裁判官の除斥又は忌避についてはその裁判官の所属する裁判所が，簡易裁判所の裁判官の除斥又は忌避についてはその裁判所の所在地を管轄する地方裁判所が，裁判をする。

　　　　　　　　　　　　　　　　　　　　　　　　　　（非訟法13条1項）

　地方裁判所における前項の裁判は，合議体でする。　　　　（同条2項）

　裁判官は，その除斥又は忌避についての裁判に関与することができない。

　　　　　　　　　　　　　　　　　　　　　　　　　　　　（同条3項）

ウ　裁判官の回避

　(ア)　回避の意義

　　　回避とは，裁判官等が事件について除斥又は忌避の原因があることに気が付いて，自らその事件を取り扱うのを避けることである。

　(イ)　民事調停における裁判官の回避

　　　民事調停における裁判官の回避については，民調規則24条により非訟規則10条が準用される。

> 裁判官は，法第11条第1項又は第12条第1項に規定する場合には，監督権を有する裁判所の許可を得て，回避することができる。　　　（非訟規則10条）

4　民事調停官

民事調停官制度は，豊富な民事事件経験を有する弁護士が，裁判官と同等の権限を持って調停手続を主宰する制度であり，平成16年1月から施行されている。

(1)　民事調停官の任免

ア　任命

> 民事調停官は，弁護士で5年以上その職にあったもののうちから，最高裁判所が任命する。　　　　　　　　　　　　　　　　（民調法23条の2第1項）

民事調停官は，最高裁判所が任命する。

裁判官が担っている調停手続の主宰者としての役割を担うためには，弁護士の中でも民事事件の豊富な経験を有していることが必要不可欠であることから，弁護士の職務経験を5年以上有している者の中から民事調停官を任命することとされている。

イ　職務

> 民事調停官は，この法律の定めるところにより，調停事件の処理に必要な職務を行う。　　　　　　　　　　　　　　　　　　　　　　（同第2項）

民事調停官は，弁護士としての業務を行いながら，通常1週間に1日裁判所に登庁して，調停事件の処理に必要な職務を行う。

ウ　任期

> 民事調停官は，任期を2年とし，再任されることができる。　（同第3項）

エ　身分

> 民事調停官は，非常勤とする。　　　　　　　　　　　　　　（同第4項）

民事調停官は，非常勤の裁判所職員である。

民事調停官の身分関係は，任免を除き，裁判所職員臨時措置法によって準用される国家公務員法に定めるところによる。

民事調停官は，国家公務員法の規定する守秘義務を負う。

> 職員は，職務上知ることのできた秘密を漏らしてはならない。その職を退いた後といえども同様とする。　　　　　　　　（国家公務員法100条 1 項）

　　オ　解任

> 　民事調停官は，次の各号のいずれかに該当する場合を除いては，在任中，その意に反して解任されることがない。
> 一　弁護士法（昭和24年法律第205号）第 7 条各号のいずれかに該当するに至ったとき。
> 二　心身の故障のため職務の執行ができないと認められたとき。
> 三　職務上の義務違反その他民事調停官たるに適しない非行があると認められたとき。　　　　　　　　　　　　　　　　（民調法23条の 2 第 5 項）

　　　　　　最高裁判所は，民事調停官がこれらの解任事由のいずれかに該当するに至ったときは，その民事調停官を解任しなければならない。

> 　最高裁判所は，民事調停官が民事調停法第23条の 2 第 5 項各号のいずれかに該当するに至ったとき又は家事調停官が家事事件手続法第250条第 5 項各号のいずれかに該当するに至ったときは，その民事調停官又は家事調停官を解任しなければならない。　　　　　　　　　　　　　　　　　（調停官規則 3 条）

　　カ　その他

> 　この法律に定めるもののほか，民事調停官の任免に関して必要な事項は，最高裁判所規則で定める。　　　　　　　　　　（民調法23条の 2 第 6 項）

　(2)　民事調停官の権限
　　ア　受調停裁判所の指定

> 　民事調停官は，裁判所の指定を受けて，調停事件を取り扱う。
> 　　　　　　　　　　　　　　　　　　　　　　　　（民調法23条の 3 第 1 項）

　　　　　　民事調停官は，裁判所により指定を受けた調停事件について，その権限を行使する。調停事件の指定を行う裁判所は，調停が係属している手続法上の裁判所すなわち受調停裁判所である。
　　イ　調停に関する権限

　民事調停官は，その取り扱う調停事件の処理について，次条第3項ただし書に規定する権限並びにこの法律の規定（第22条において準用する非訟事件手続法の規定を含む。）及び特定債務等の調整の促進のための特定調停に関する法律（平成11年法律第158号）の規定において裁判官が行うものとして規定されている民事調停及び特定調停に関する権限（調停主任に係るものを含む。）のほか，次に掲げる権限を行うことができる。

一　第4条，第5条第1項ただし書，第7条第2項，第8条第1項，第17条，第30条（第33条において準用する場合を含む。）において準用する第28条，第34条及び第35条の規定において裁判所が行うものとして規定されている民事調停に関する権限

二　第22条において準用する非訟事件手続法の規定（同法第13条及び第14条第3項本文（同法第15条において準用する場合を含む。）の規定を除く。）において裁判所が行うものとして規定されている権限であって民事調停に関するもの

三　特定債務等の調整の促進のための特定調停に関する法律の規定において裁判所が行うものとして規定されている特定調停に関する権限　（同第2項）

　民調法23条の3第2項柱書は，忌避の裁判に関する権限のうち，忌避の申立ての簡易却下の裁判（非訟法13条5項）に関する権限を，忌避された民事調停官の権限としている。

　2項2号は，除斥及び忌避の裁判に関しては民事調停官の権限としない旨を定めている。

　民事調停官は，その取り扱う調停事件の処理について，この規則の規定（前条において準用する非訟事件手続規則の規定を含む。）及び特定調停手続規則（平成12年最高裁判所規則第2号）の規定において裁判官が行うものとして規定されている民事調停及び特定調停に関する権限（調停主任に係るものを含む。）のほか，次に掲げる権限を行うことができる。

一　第5条第1項及び第2項並びに第18条第2項の規定において裁判所が行うものとして規定されている民事調停に関する権限

二　第5条第4項において準用する民事訴訟法第76条，第79条第1項から第3項まで及び第80条の規定並びに民事訴訟規則第29条第2項において準用する同条第1項の規定において裁判所が行うものとして規定されている権限であって民事調停に関するもの

三　前条において準用する非訟事件手続規則の規定において裁判所が行うもの
　として規定されている権限であって民事調停に関するもの
四　特定調停手続規則の規定において裁判所が行うものとして規定されている
　特定調停に関する権限　　　　　　　　　　　　　　　　（民調規則25条）

　　ウ　職権の独立

民事調停官は，独立してその職権を行う。　　　（民調法23条の 3 第 3 項）

　　エ　裁判所書記官に対する命令権限

　民事調停官は，その権限を行うについて，裁判所書記官に対し，その職務に
関し必要な命令をすることができる。この場合において，裁判所法（昭和22年
法律第59号）第60条第 5 項の規定は，民事調停官の命令を受けた裁判所書記官
について準用する。　　　　　　　　　　　　　　　　　　　　（同第 4 項）

　(3)　民事調停官の除斥及び忌避
　　ア　裁判官に関する非訟法の準用

　民事調停官の除斥及び忌避については，非訟事件手続法第11条，第12条並び
に第13条第 2 項から第 4 項まで，第 8 項及び第 9 項の規定を準用する。
　　　　　　　　　　　　　　　　　　　　　　　　（民調法23条の 4 第 1 項）

　　イ　調停手続の停止

　非訟事件手続法第13条第 5 項各号に掲げる事由があるとして忌避の申立てを
却下する裁判があったときは，前項において準用する同条第 4 項本文の規定に
かかわらず，調停手続は停止しない。　　　　　　　　　　　　　（同第 2 項）

　　ウ　除斥及び忌避の裁判

　民事調停官の除斥又は忌避についてはその民事調停官の所属する裁判所が，
簡易裁判所に所属する民事調停官の除斥又は忌避についてはその裁判所の所在
地を管轄する地方裁判所が，裁判をする。ただし，前項の裁判は，忌避された
民事調停官がすることができる。　　　　　　　　　　　　　　（同第 3 項）

エ　裁判官に関する非訟規則の準用

民事調停官の除斥，忌避及び回避については，非訟事件手続規則第8条から第10条までの規定を準用する。　　　　　　　　　　　　　　（民調規則26条）

民調規則26条は，民事調停官の除斥，忌避及び回避について，非訟規則の必要な規定を準用することを定めている。

(4)　民事調停官に対する手当等

民事調停官には，別に法律で定めるところにより手当を支給し，並びに最高裁判所の定めるところにより旅費，日当及び宿泊料を支給する。

（民調法23条の5）

民事調停官には，裁判所職員臨時措置法（昭和26年法律第299号）にって準用される一般職の職員の給与に関する法律（昭和25年法律第95号）22条1項により手当が支給され，調停官規則5条により旅費，日当及び宿泊料が支給される。

民事調停官の経験から

弁護士　髙　木　太　郎

1　平成18年10月から平成22年 9 月まで，さいたま簡易裁判所で調停官を勤めさせ
　ていただいた。週に 1 日（私の場合は金曜日），簡易裁判所に出勤し，当日行わ
　れる調停を主宰することが，職務の中心である。

2　弁護士はあまり民事調停を利用してこなかった。

　　簡裁の調停については，弁護士が関与することは多くない（当時はまだ多くな
　かった）。そのため，私自身も，代理人として簡易裁判所の調停に携わった経験
　は数えるほどしかなかった。

　なぜ，調停をあまり利用しなかったか。

　　一つには，調停は時間がかかるという思いがあった。交互に話を聞くので相手
　の話を聞いている間は待っていなければならない。また，代理人弁護士をつけず
　に当事者が対応されることが少なくないので，法律的に整理されていない発言が
　延々と続くこともある。訴訟における弁論が 3 分で終了することに比較し（これ
　はまた別の問題があるが），調停では 1 ～ 2 時間を覚悟しなければならないので，
　とてもやっていられないと思うのである。

　　また，一つには，相手との合意ができない限り調停が成立しない。訴訟が判決
　という裁判所の判断を後ろに控えた上で行われるのに対して，調停はあくまで当
　事者の合意が不可欠であり，紛争が生じている当事者同士で，判決の強制なしに
　任意の合意は無理であると思ってしまうのである。

　　おそらくは多くの弁護士が調停をあまり利用しないのは，同じような理由によ
　るものと思われる。したがって，調停は，弁護士が関与しない事案で多く用いら
　れてきたように思う。

3　「紛争」解決と民事調停

　　しかし，調停官の経験を経て，私自身の調停に対する見方はかなり変化した。

　　調停であれ，裁判であれ，あるいは裁判所以外の機関を利用するＡＤＲであ
　れ，当事者間の紛争を解決する手段である。紛争はどのようにして生じるのか。
　あるいはこじれるのか。

　　例えば，交通事故の損害賠償請求事件を例にとれば，法的な紛争は過失割合に
　対する意見の食い違いだけであっても，加害者側の保険会社の連絡ミスがあり，
　被害者の請求の過大さがあり，加害者側がいきなり弁護士をつけたとする被害者
　の怒りがあり，という紛争の拡大経過があって当事者間の交渉では話が付かなく
　なり，裁判所の利用ということになる。

　このとき，いきなり裁判で結論だけ出したとしたら，当事者，特に弁護士を立てなかった被害者は，客観的には妥当な判決であったとしても納得しないだろう。その判決が確定して，法的には争えなくなったとしても，加害者に対する，あるいは保険会社に対する怒りは消えないであろう。これで本当に「紛争」が解決したことになるのだろうか。

　当事者の話をじっくり聞き，その憤りを受け止めて過剰な部分を解消し，紛争の絡まった糸を整理して解きほぐし，本来の法的な争いの部分については，現在の社会的な解決水準はこのレベルだと言うことを理解してもらう。そして調停を成立させる。あるいは，最後の「現在の社会的な解決水準」に争いが残れば，そこだけ，引き続く訴訟で判断してもらう。「紛争」の解決には，そのような納得の過程が必要である。

　このようなことは，交通事故に限らず，あらゆる紛争について見られるところである。

　自分としては，調停官になる前，一方当事者の代理人しか経験していなかったときには，相手方当事者の「納得」による意識の変化，紛争の解決へ至る経過を十分に認識していなかったように思う。

4　多彩な調停委員

　さらに，簡易裁判所の調停委員のメンバーは豪華である。例えば，前記の交通事故の例で言えば，調停委員の一人が損害保険会社出身のベテラン調査員，もう一人が検察庁の交通担当の副検事さん。医療過誤事件には医師の調停委員がつき，土地の評価が問題になる事件には不動産鑑定士が調停委員に入る。

　以上は必ずそうなるという訳ではないが，事案に即した調停委員が選任されている例である。

5　このような民事調停を利用しないのはもったいない。調停官終了後，私の事件対応の選択肢に調停が加わった。

　調停官への任官は，通常裁判官への弁護士任官の窓口とされている。私自身は，自らのキャリアや周囲のもろもろの事情もあり，任官の申請は行わなかった。しかし，2年後に，家庭裁判所の調停委員に応募させていただき，「紛争」を解決する側の立場として，裁判所側での関わりも続けさせてもらっている。単に事件を終了させるのではなく，「紛争」を解決するのは大きな喜びでもある。

5　民事調停委員

(1)　民事調停委員

ア　民事調停委員の任命

> 　民事調停委員及び家事調停委員は，弁護士となる資格を有する者，民事若しくは家事の紛争の解決に有用な専門的知識経験を有する者又は社会生活の上で豊富な知識経験を有する者で，人格識見の高い年齢40年以上70年未満のものの中から，最高裁判所が任命する。ただし，特に必要がある場合においては，年齢40年以上70年未満の者であることを要しない。　　　　　　（調停委員規則1条）

イ　民事調停委員の職務

> 　民事調停委員は，調停委員会で行う調停に関与するほか，裁判所の命を受けて，他の調停事件について，専門的な知識経験に基づく意見を述べ，嘱託に係る紛争の解決に関する事件の関係人の意見の聴取を行い，その他調停事件を処理するために必要な最高裁判所の定める事務を行う。　　　　（民調法8条1項）

ウ　民事調停委員の職務代行

> 　簡易裁判所における調停事件の処理のため特に必要があるときは，その所在地を管轄する地方裁判所は，その地方裁判所又はその管轄区域内の他の簡易裁判所の民事調停委員に当該簡易裁判所の民事調停委員の職務を行わせることができる。　　　　　　　　　　　　　　　　　　（調停委員規則5条1項）

　　　　ある簡易裁判所に専門性の高い調停事件が申し立てられ，これを処理するのにふさわしい専門的知識経験を有する民事調停委員がその簡易裁判所所属の民事調停委員の中にいない場合に，地方裁判所又は他の簡易裁判所に所属する民事調停委員のうち適任である者に職務を行わせることができる。

(2)　民事調停委員の身分

ア　非常勤の裁判所職員

> 　民事調停委員は，非常勤とし，その任免に関して必要な事項は，最高裁判所が定める。　　　　　　　　　　　　　　　　　　　　　　　（民調法8条2項）

　　　　民事調停委員は，非常勤の裁判所職員であり，特別職の国家公務員である。

イ　調停委員の欠格事由

　　次の各号のいずれかに該当する者は，民事調停委員又は家事調停委員に任命することができない。
一　禁錮以上の刑に処せられた者
二　公務員として免職の懲戒処分を受け，当該処分の日から2年を経過しない者
三　裁判官として裁判官弾劾裁判所の罷免の裁判を受けた者
四　弁護士，公認会計士，司法書士，土地家屋調査士，税理士，弁理士，建築士，不動産鑑定士若しくは不動産鑑定士補又は社会保険労務士として除名，登録の抹消，業務の禁止，免許の取消し，登録の消除又は失格処分の懲戒処分を受け，当該処分に係る欠格事由に該当する者
五　医師として医師法（昭和23年法律第201号）第7条第2項の規定により免許を取り消され，又は歯科医師として歯科医師法（昭和23年法律第202号）第7条第2項の規定により免許を取り消され，再免許を受けていない者
　　　　　　　　　　　　　　　　　　　　　　　　　　　　　（調停委員規則2条）

　(3)　民事調停委員の除斥及び回避
　　ア　非訟法の準用

　　民事調停委員の除斥については，非訟事件手続法（平成23年法律第51号）第11条，第13条第2項，第8項及び第9項並びに第14条第2項の規定（忌避に関する部分を除く。）を準用する。　　　　　　　　　　　　　（民調法9条1項）
　　民事調停委員の除斥についての裁判は，民事調停委員の所属する裁判所がする。　　　　　　　　　　　　　　　　　　　　　　　　　　　　（同条2項）

　　イ　非訟規則の準用

　　民事調停委員の除斥及び回避については，非訟事件手続規則第8条から第10条までの規定（忌避に関する部分を除く。）を準用する。この場合において，簡易裁判所の民事調停委員の回避の許可は，その民事調停委員の所属する裁判所の裁判所法（昭和22年法律第59号）第37条に規定する裁判官がする。
　　　　　　　　　　　　　　　　　　　　　　　　　　　　　（民調規則4条）

　　　民調規則4条は，民事調停委員の除斥及び回避について，非訟規則の必要な規定を準用することを定めている。
　　　民事調停委員については，忌避制度は設けられていない。従来の実務においても，民事調停委員に対する当事者の忌避権は否定されていた。（逐条解

説27頁）

(4)　民事調停委員の手当等

> 民事調停委員には，別に法律で定めるところにより手当を支給し，並びに最
> 高裁判所の定めるところにより旅費，日当及び宿泊料を支給する。
>
> （民調法10条）

民事調停委員には，裁判所職員臨時措置法によって準用される一般職の職
員の給与に関する法律22条1項により手当が支給され，調停委員規則7条に
より旅費，日当及び宿泊料が支給される。

(5)　守秘義務

民事調停委員は，国家公務員法の規定する守秘義務を負う。（国家公務員
法100条1項，前記53頁）

(6)　人の秘密を漏らす罪

> 民事調停委員又は民事調停委員であった者が正当な事由がなくその職務上取
> り扱ったことについて知り得た人の秘密を漏らしたときは，1年以下の懲役又
> は50万円以下の罰金に処する。　　　　　　　　　　　　（民調法38条）

評議の秘密を漏らす罪については後記118頁。

第4　調停の当事者

1　当事者本人

民事調停においては，調停を申し立てる者を**申立人**，調停を申し立てられる
者を**相手方**という。

(1)　調停能力

ア　調停能力の意義

調停能力とは，調停当事者が自ら単独で有効に調停行為を行い，相手方
や調停委員会の調停行為を受けるために必要な能力である。

調停能力の内容として，調停当事者能力，調停意思能力，調停行為能力，
調停弁論（演述）能力がある。

イ　非訟法の準用

民事調停における調停能力は，民事訴訟における訴訟能力に準ずるもの
であり，民調法22条により非訟法16条が準用される。

(ア)　当事者能力及び手続行為能力の原則

当事者能力，非訟事件の手続における手続上の行為（以下「手続行為」という。）をすることができる能力（以下この項及び第74条第1項において「手続行為能力」という。），手続行為能力を欠く者の法定代理及び手続行為をするのに必要な授権については，民事訴訟法第28条，第29条，第31条，第33条並びに第34条第1項及び第2項の規定を準用する。　　　　　　　（非訟法16条1項）

　　　　　民事調停における**調停当事者能力**，**調停行為能力**，法定代理等について，民訴法の規定が準用される。
　(イ)　他の者が申し立てをした場合の手続行為能力

被保佐人，被補助人（手続行為をすることにつきその補助人の同意を得ることを要するものに限る。次項において同じ。）又は後見人その他の法定代理人が他の者がした非訟事件の申立て又は抗告について手続行為をするには，保佐人若しくは保佐監督人，補助人若しくは補助監督人又は後見監督人の同意その他の授権を要しない。職権により手続が開始された場合についても，同様とする。　　　　　　　　　　　　　　　　　　　　　　　　　　　　（同条2項）

　　(ウ)　特別の授権

被保佐人，被補助人又は後見人その他の法定代理人が次に掲げる手続行為をするには，特別の授権がなければならない。
一　非訟事件の申立ての取下げ又は和解
二　終局決定に対する抗告若しくは異議又は第77条第2項の申立ての取下げ
　　　　　　　　　　　　　　　　　　　　　　　　　　　　　　（同条3項）

　　ウ　民訴法による民法の準用
　　　(ア)　当事者能力及び訴訟能力の原則

当事者能力，訴訟能力及び訴訟無能力者の法定代理は，この法律に特別の定めがある場合を除き，民法その他の法令に従う。訴訟行為をするのに必要な授権についても，同様とする。　　　　　　　　　　　　　　　　（民訴法28条）

　　　(イ)　未成年者及び成年被後見人の訴訟能力

未成年者及び成年被後見人は，法定代理人によらなければ，訴訟行為をすることができない。ただし，未成年者が独立して法律行為をすることができる場合は，この限りでない。　　　　　　　　　　　　　　　　　　　（同法31条）

未成年者，成年被後見人は，民法上は制限行為能力者であり（民法5条，9条），**調停無能力者**である。これらの者は，法定代理人によってのみ調停行為をすることができる。（後記2(1)ア，68頁）

　a　親権者の財産管理等

親権を行う者は，子の財産を管理し，かつ，その財産に関する法律行為についてその子を代表する。ただし，その子の行為を目的とする債務を生ずべき場合には，本人の同意を得なければならない。　　　　　　　　（民法824条）

　b　後見人の財産管理等

後見人は，被後見人の財産を管理し，かつ，その財産に関する法律行為について被後見人を代表する。　　　　　　　　　　　　（同法859条1項）
第824条ただし書の規定は，前項の場合について準用する。　　（同条2項）

(2)　当事者適格
　ア　当事者適格の意義
　　当事者適格とは，個別の調停手続において，当事者（申立人又は相手方）としての地位につくことができる資格である。
　　一般的には，紛争の目的となっている権利又は法律関係について管理処分権を有すると主張する者及びこれを争う者には，当事者適格がある。
　イ　必要的共同調停
　　必要的共同調停とは，複数の当事者の全員が共同当事者となってはじめて調停当事者適格を有する場合をいう。
　　調停の目的となっている権利義務又は法律関係（調停物）の性質上，関係者全員について合一的に権利義務又は法律関係を確定させる必要がある場合には，関係者全員が調停を申し立て，あるいは関係者全員を相手方としなければならない。
　　必要的共同調停の例として，共有者の1人が共有物分割請求（民法256条）の調停を申し立てる場合，他の共有者全員を相手方としなければならない。
　　必要的共同調停に当たるかどうかは，民事訴訟における必要的共同訴訟に準じて考えることができるだろう。
(3)　本人の出頭義務

　調停委員会の呼出しを受けた当事者は，自ら出頭しなければならない。ただし，やむを得ない事由があるときは，代理人を出頭させることができる。

(民調規則8条1項)

ア　本人出頭主義（本人出頭の原則）

　　民事調停においては，呼出しを受けた当事者本人が自ら出頭することが義務付けられている（1項本文）。これは，双方の当事者本人から直接に事情を聴取することによって，事件の実情を容易に知ることができ，かつ，調停が当事者間の合意によって成立するものであることから，その紛争の対象である権利又は法律関係について処分権を有する当事者本人が出頭して話し合うことにより，調停を成立させる機会を多くすることができることなどの理由に基づくものである。（条解非訟規則307頁）

イ　出頭についての代理人

　　民調規則8条は，出頭についての代理人（出頭代理人）に関する規定である。手続上の代理人（手続代理人）に関しては後記2(2)，69頁。

(ア)　やむを得ない事由

　　　本条1項は，呼出しを受けた当事者に，やむを得ない事由があるときは，代理人を出頭させることができることを定めている。「やむを得ない事由」とは，本人が出頭することができないことについて客観的に相当な事情がある場合である。例えば，本人の病気や勤務先の都合，近親者の病気や危篤，本人や近親者の冠婚葬祭などで出頭できない場合である。（条解非訟規則308頁）

(イ)　調停委員会の許可

　　　出頭についての代理人は，原則として弁護士又は認定司法書士でなければならない。

　　　それ以外の者を出頭代理人とするには，調停委員会の許可が必要である。弁護士又は認定司法書士以外の者としては，当事者の近親者や，雇人で事件の事情に詳しい者等が考えられる。

　次に掲げる者以外の者を前項の代理人とするには，調停委員会の許可を受けなければならない。
一　弁護士
二　司法書士法（昭和25年法律第197号）第3条第2項に規定する司法書士（同条第1項第6号ニに掲げる手続に係る事件に限る。）　（民調規則8条2項）

出頭代理人許可の申立ての手数料は500円である。（民訴費用法 3 条 1
項別表第一の17のト）

　㈦　許否の処分に対する不服申立て

許否の処分に対する不服申立て

出頭代理人許可の申請に対する許否の処分に対しては，不服申立てを
することはできない。

　㈢　出頭代理人許可の取消し

出頭代理人の許可をした後，その者が出頭代理人として不適当である
と判明したときは，調停委員会は，いつでも，出頭代理人の許可を取り
消すことができる。

調停委員会は，いつでも，前項の許可を取り消すことができる。

（民調規則 8 条 3 項）

⑷　不出頭に対する制裁

裁判所又は調停委員会の呼出しを受けた事件の関係人が正当な事由がなく出
頭しないときは，裁判所は，5 万円以下の過料に処する。　　　（民調法34条）

民調法34条は，呼出しを受けた者が正当な事由なく出頭しない場合に，行
政罰である過料を科すものである。

　ア　事件の関係人

過料の制裁の対象となる事件の関係人には，当事者，参加人，利害関係
人が含まれる。

事実関係を明らかにするために参考人として呼出しを受けた第三者は含
まれない。

　イ　正当な事由

正当な事由とは，出頭しないことが一般的客観的にみて真にやむを得な
いと認められる相当な理由がある場合をいう。

⑸　過料についての決定

　ア　過料の決定の執行

前 2 条の過料の決定は，裁判官の命令で執行する。この命令は，執行力のあ
る債務名義と同一の効力を有する。　　　　　　　　　（民調法36条 1 項）

過料の決定は，執行力のある債務名義と同一の効力があるので，任意に
納めない者に対しては，強制執行の方法によって徴収することができる。

　イ　非訟法の準用

前項に規定するもののほか，過料についての決定に関しては，非訟事件手続法第五編の規定（同法第119条及び第121条第1項の規定並びに同法第120条及び第122条の規定中検察官に関する部分を除く。）を準用する。　（同条2項）

(ｱ)　当事者の陳述聴取等

裁判所は，過料についての裁判をするに当たっては，あらかじめ，検察官の意見を聴くとともに，当事者の陳述を聴かなければならない。

(非訟法120条2項)

(ｲ)　過料についての決定に対する即時抗告

過料についての裁判に対しては，当事者及び検察官に限り，即時抗告をすることができる。この場合において，当該即時抗告が過料の裁判に対するものであるときは，執行停止の効力を有する。　（同条3項）

(6)　受継

　受継とは，当事者の死亡その他の事由によって調停手続を続行することができない場合に，調停手続を受け継ぐことである。

　調停手続では，当事者の死亡その他の場合であっても，訴訟手続のように一般的に手続が中断する（民訴法124条）ことはない。

　調停手続の受継については，民調法22条により非訟法36条が準用される。

ア　法令により手続を続行すべき者による受継

当事者が死亡，資格の喪失その他の事由によって非訟事件の手続を続行することができない場合には，法令により手続を続行する資格のある者は，その手続を受け継がなければならない。　（非訟法36条1項）

(ｱ)　調停手続の受継

　　当事者が死亡，資格の喪失その他の事由により調停手続を続行することができなくなった場合であっても，その当事者の地位を承継する者があるときは，その地位を承継する者が，当該当事者に代わって新たな当事者として調停手続を受け継がなければならない。

(ｲ)　手続を続行することができない場合

　　当事者が死亡した場合，当事者である法人が合併により消滅した場合，当事者が破産手続開始の決定を受けた場合，信託の任務を終了した場合，破産管財人が資格を喪失した場合等がある。

　(ｳ)　手続を続行する資格のある者

　　当事者が死亡した場合は相続人，相続財産管理人，法人が合併により消滅した場合は合併によって設立された法人又は合併後存続する法人，当事者が破産手続開始の決定を受けた場合は破産管財人等である。

　イ　続行すべき者による受継の申立ての却下と即時抗告

　　法令により手続を続行する資格のある者が前項の規定による受継の申立てをした場合において，その申立てを却下する裁判がされたときは，当該裁判に対し，即時抗告をすることができる。　　　　　　　　　　　　　　（同条2項）

　ウ　他の当事者の申立て又は職権による受継

　　第1項の場合には，裁判所は，他の当事者の申立てにより又は職権で，法令により手続を続行する資格のある者に非訟事件の手続を受け継がせることができる。　　　　　　　　　　　　　　　　　　　　　　　　（同条3項）

　エ　受継の申立ての方式

　　受継の申立ての方式については，民調規則24条により非訟規則33条が準用される。

　(ｱ)　書面による申立て

　　法第36条第1項又は第3項の規定による受継の申立ては，書面でしなければならない。　　　　　　　　　　　　　　　　　　　　（非訟規則33条1項）

　(ｲ)　受継資格を明らかにする資料の添付

　　前項の書面には，非訟事件の手続を受け継ぐ者が法令により手続を続行する資格のある者であることを明らかにする資料を添付しなければならない。

　　　　　　　　　　　　　　　　　　　　　　　　　　　　（同条2項）

　　受継資格を明らかにする資料は，当事者の死亡の場合には相続関係を証明するための戸籍謄本，相続放棄申述受理証明書又は遺産分割についての家庭裁判所の審判書謄本や調停調書，会社の合併の場合には合併により設立され又は合併後存続する会社の登記事項証明書等である。

　オ　受継と調停手続の中断

　　調停の当事者が死亡，資格の喪失その他の事由によって調停手続を続行することができない場合であっても，前記のとおり，一般的に調停手続は中断しない。

　　　ただし，当事者の手続保障上当事者の関与なしに進めることが相当でない場合には，調停手続を中断すべきである。例えば，調停に代わる決定の異議申立期間に当事者が死亡したような場合である。

2　調停代理人

(1)　法定代理

ア　未成年者，成年被後見人

(ア)　**法定代理人**

　　　当事者が未成年者，成年被後見人である場合，調停無能力者であるから（前記1(1)ウ，63頁），親権者，後見人等が法定代理人となる。

(イ)　**特別代理人**

　　　調停手続における特別代理人については，民調法22条により非訟法17条が準用される。

　裁判長は，未成年者又は成年被後見人について，法定代理人がない場合又は法定代理人が代理権を行うことができない場合において，非訟事件の手続が遅滞することにより損害が生ずるおそれがあるときは，利害関係人の申立てにより又は職権で，特別代理人を選任することができる。　　　（非訟法17条1項）

　特別代理人の選任の裁判は，疎明に基づいてする。　　　　　　（同条2項）

イ　被保佐人，被補助人

　　　被保佐人，被補助人は，調停無能力者ではなく，**制限的調停能力者**である。本人が調停行為をすることができるが，保佐人等の同意を必要とする場合がある。

　被保佐人，被補助人（訴訟行為をすることにつきその補助人の同意を得ることを要するものに限る。次項及び第40条第4項において同じ。）又は後見人その他の法定代理人が相手方の提起した訴え又は上訴について訴訟行為をするには，保佐人若しくは保佐監督人，補助人若しくは補助監督人又は後見監督人の同意その他の授権を要しない。　　　　　　　　　　　　（民訴法32条1項）

ウ　法人等の団体

　　　当事者が法人等の団体である場合は，代表者等が法定代理人に準じて調停行為を行う。

　　　法人の代表者等については，民調法22条により非訟法19条が準用される。

> 　法人の代表者及び法人でない社団又は財団で当事者能力を有するものの代表者又は管理人については，この法律中法定代理及び法定代理人に関する規定を準用する。
>
> （非訟法19条）

(2)　任意代理

　ア　手続代理人の資格

　　民調規則 8 条（前記 1 (3)イ，64頁）に規定されている代理人は，出頭についての代理人（出頭代理人）であり，手続上の代理人（手続代理人）については，別途，民調法22条により非訟法22条が準用される。

> 　法令により裁判上の行為をすることができる代理人のほか，弁護士でなければ手続代理人となることができない。ただし，第一審裁判所においては，その許可を得て，弁護士でない者を手続代理人とすることができる。
>
> （非訟法22条 1 項）

　　　既になされた代理行為について，代理権限があったか否かを判断するためには，必ずしも委任状その他の書面の有無にとらわれない。

【判例⑨】民事調停に準用される民訴法80条 1 項（注．現行の民訴規則23条）の代理権の証明に関する規定は，将来に向かって代理行為をする場合における証明の方法を定めたものであって，既になされた代理行為につきその権限を証明する場合には，必ずしも委任状その他の書面によってすることを要するものではない。（最 1 小判昭36・1・26民集15巻 1 号175頁）

【代理人許可申請書】

代理人許可申請書

印　紙 500　円		令和　年　月　日	
		許	否

（消印しない）

　　申立人　○　○　○　○

　　相手方　○　○　○　○

　上記当事者間の令和○○年（　）第○○号調停申立事件について，
下記の者を申請人の代理人とすることを許可してください。

記

　　住　所　東京都○○区○○町○丁目○番○号

　　氏　名　　　　○　○　○　○

　　　　　　　　　　電話番号○○－○○○○－○○○○

申請人との関係

申請の理由

　　令和○○年○月○○日

　　　　　　　申請人　　○　○　○　○　　（印）

委　任　状

上記事件について○　○　○　○に下記の権限を委任します。

　1　非訟事件手続法23条1項，2項に定める一切の事項

　　　令和○○年○月○○日

　　　　　　　申請人　　○　○　○　○　　（印）

○○簡易裁判所　御中

【判例⑩】簡易裁判所の調停手続における代理許可の方式としては，許可した旨が推知し得られる限りは如何なる方法によるも有効である。（東京地判昭30・11・10判タ60号69頁）

　　イ　許可の取消し

前項ただし書の許可は，いつでも取り消すことができる。（非訟法22条 2 項）

　(3)　代理人の権限

　　　手続代理人の代理権の範囲については，民調法22条により非訟法23条が準用される。

　　ア　手続代理人の代理権の範囲

手続代理人は，委任を受けた事件について，参加，強制執行及び保全処分に関する行為をし，かつ，弁済を受領することができる。　　（非訟法23条 1 項）

　　イ　特別委任事項

手続代理人は，次に掲げる事項については，特別の委任を受けなければならない。
一　非訟事件の申立ての取下げ又は和解
二　終局決定に対する抗告若しくは異議又は第77条第 2 項の申立て
三　前号の抗告，異議又は申立ての取下げ
四　代理人の選任　　　　　　　　　　　　　　　　　　（同条 2 項）

　　ウ　手続代理人の代理権の制限

手続代理人の代理権は，制限することができない。ただし，弁護士でない手続代理人については，この限りでない。　　　　　　　　　　　（同条 3 項）

　　エ　法令による手続代理人の代理権の範囲

前 3 項の規定は，法令により裁判上の行為をすることができる代理人の権限を妨げない。　　　　　　　　　　　　　　　　　　　　　（同条 4 項）

　3　補佐人
　(1)　補佐人
　　　補佐人は，当事者等に付き添って調停期日に出頭し，その活動を補う者である。当事者等の専門的知識を補完したり，言語能力等が不十分な場合にその活動を補う。

(2)　補佐人制度

　ア　非訟法の準用

　　　調停手続における補佐人については，民調法22条により非訟法25条が準用される。

> 非訟事件の手続における補佐人については，民事訴訟法第60条の規定を準用する。　　　　　　　　　　　　　　　　　　　　　　　　　　（非訟法25条）

　イ　民訴法の準用

　　　当事者等は，裁判所の許可を得れば，補佐人とともに調停期日に出頭することができる。

> 当事者又は訴訟代理人は，裁判所の許可を得て，補佐人とともに出頭することができる。　　　　　　　　　　　　　　　　　　　（民訴法60条 1 項）
> 前項の許可は，いつでも取り消すことができる。　　　　　　（同条 2 項）
> 補佐人の陳述は，当事者又は訴訟代理人が直ちに取り消し，又は更正しないときは，当事者又は訴訟代理人が自らしたものとみなす。　　　（同条 3 項）

　　　補佐人が弁護士又は認定司法書士であっても，出頭するためには，裁判所の許可が必要である。

　ウ　補佐人の法的性格

　　　補佐人の法的性格については，補佐人も自分の意思に基づいて発言し，その効力が当事者本人に及ぶことから，一種の代理人であるとするのが通説である。

4　通訳人の立会い

　　調停手続における通訳人の立会いについては，民調法22条の準用する非訟法48条が更に準用する民訴法154条による。

(1)　非訟法の準用

> 非訟事件の手続の期日における通訳人の立会い等については民事訴訟法第154条の規定を，非訟事件の手続関係を明瞭にするために必要な陳述をすることができない当事者，利害関係参加人，代理人及び補佐人に対する措置については同法第155条の規定を準用する。　　　　　　　　　　　（非訟法48条）

(2)　民訴法の準用

> 口頭弁論に関与する者が日本語に通じないとき，又は耳が聞こえない者若しくは口がきけない者であるときは，通訳人を立ち会わせる。ただし，耳が聞こえない者又は口がきけない者には，文字で問い，又は陳述させることができる。
>
> （民訴法154条1項）
>
> 鑑定人に関する規定は，通訳人について準用する。　　　　（同条2項）

5　利害関係人

(1)　任意参加

> 調停の結果について利害関係を有する者は，調停委員会の許可を受けて，調停手続に参加することができる。　　　　（民調法11条1項）

　　　　民調法11条1項の**任意参加**は，利害関係人の側から任意に申し立てる参加形態である。

(2)　利害関係

　　　　調停の結果について利害関係を有する者を，**利害関係人**という。

　ア　法律上の利害関係

　　　　法律上の利害関係を有する場合は，利害関係人として調停に参加することができる。

　　　　例としては，貸金調停事件で主債務者が当事者となっている場合の保証人や連帯保証人，交通調停事件で当事者が保険契約をしている保険会社，建物収去土地明渡調停事件で建物を賃借している第三者等がある。

　イ　事実上の利害関係

　　　　事実上の利害関係があるにすぎない場合も，調停参加の利害関係人に含まれるとするのが通説である。

　　　　例としては，建物明渡調停事件における建物の同居人等がある。

(3)　参加の手続

　ア　申立ての方式

　　　　参加の申立ては，原則として書面によるべきである。

　　　　民調法11条が非訟法21条（利害関係参加）に対する「特別の定め」であるため，非訟法21条（及び同法20条2項）の準用そのものはないが，調停委員会の許否の判断のためにも，書面による申立てが望ましい。

> 　裁判を受ける者となるべき者以外の者であって，裁判の結果により直接の影響を受けるもの又は当事者となる資格を有する者は，裁判所の許可を得て，非訟事件の手続に参加することができる。　　　　　　　　　　（非訟法21条2項）
>
> 　前条第2項の規定は，第1項の規定による参加の申出及び前項の規定による参加の許可の申立てについて準用する。　　　　　　　　　　　　（同条3項）
>
> 　前項の規定による参加の申出は，参加の趣旨及び理由を記載した書面でしなければならない。　　　　　　　　　　　　　　　　　　　　　（同法20条2項）

　　利害関係人参加の申立ての手数料は500円である。（民訴費用法3条1項別表第一の17のニ）

【利害関係人参加申立書】

令和〇〇年　（　）　第〇〇号　〇〇調停申立事件

申立人　　〇　〇　〇　〇

相手方　　〇　〇　〇　〇

印　紙
500　円

（消印しない）

利害関係人参加申立書

令和〇〇年〇〇月〇〇日

〇〇簡易裁判所　御中

　　　住　　　所　　東京都〇〇区〇〇町〇丁目〇番〇号

　　　利害関係人　　〇〇株式会社

　　　　　　　　　　代表者代表取締役　　〇　〇　〇　〇　　（印）

　頭書事件について，利害関係人は，相手方の債権者として，この調停の結果については重大な影響を受けるので，利害関係人として本調停に参加したく申立てをします。

　　　イ　参加の許可

　　　　　参加の申立てを調停委員会が許可したときは，利害関係人として調停手続に参加することになる。

【判例⑪】調停手続に利害関係を有する者が調停期日に毎回出席しており，当事者双方及び調停委員も同人が調停期日に出頭することを希望していた場合でも，これだけでは同人を民事調停法11条にいう，調停手続に参加した利害関係人ということはできない。（最2小判昭43・2・9裁判集民90号245頁）

　　　ウ　許可の方式

　　　　　参加の許可は，記録中で明らかにしておく。利害関係人参加申立書の余白に許可する旨と年月日を記載し調停主任が押印することが多いが，調停調書を作成する場合は，調停調書に許可した旨を記載することもできる。

　(4)　強制参加（引き込み）

　　調停委員会は，相当であると認めるときは，調停の結果について利害関係を有する者を調停手続に参加させることができる。　　　　（民調法11条2項）

　　　民調法11条2項の**強制参加**は，調停委員会の側から強制的に手続に関与させる参加形態である。

　　　ア　当事者の申立権

　　　　　参加命令は，調停委員会の職権でなされるものであるから，当事者が利害関係を有する第三者を調停手続に参加させたい場合でも，参加命令の申立てをすることはできないが，調停委員会に対して職権の発動を促すことはできる。

　　　イ　参加命令の時期

　　　　　利害関係人の参加の必要性は，調停手続の進行に従って判明することが多いが，調停申立書自体から参加の必要性が明らかなときは，第1回期日前でも参加命令を発することができる。

　　　ウ　参加命令の効力

　　　　　強制参加命令には強制的な効力があり，これによって本人の意思にかかわらず当然に参加人たる地位を与えられる。（逐条解説35頁）

　6　**裁判官の調停への準用**

　　　調停委員会の手続に関する民調法や民調規則の各規定は，性質上準用の余地のないものを除き，裁判官だけで調停を行う場合に準用される。

　(1)　民調法の準用

第11条から前条までの規定は，裁判官だけで調停を行う場合に準用する。

(民調法15条)

(2)　民調規則の準用

第 6 条，第 8 条及び第10条から第18条まで（第13条第 1 項を除く。）の規定は，裁判官だけで調停を行う場合に準用する。この場合において，第10条から第12条までの規定中「調停主任」とあるのは，「裁判官」と読み替えるものとする。

(民調規則21条)

　　6 条から20条までの規定は，調停委員会の手続に関する規定であるが，これらの規定中，準用規定を待つまでもなく当然に裁判官だけで調停を行う場合にも適用されると考えられる規定（ 7 条， 9 条），民事調停委員の存在が当然の前提となっており，準用の余地のない規定（13条 1 項），合議体としての調停委員会に固有の規定（19条，20条）を除き，裁判官だけで調停を行う場合にも準用することとしている。（条解非訟規則319頁）

第3章　民事調停の進行

　　令和2年の司法統計年報によると，民事調停の期日の実施回数は，実施なしが約21パーセント，1回が約31パーセント，2回が約22パーセント，3回が約11パーセント（1回～3回の合計は約64パーセントとなる。），4・5回が約9パーセント，6回以上が約6パーセントとなっている。

　　また，民事調停の審理期間については，1月以内が約20パーセント，2月以内が約18パーセント，3月以内が約16パーセント，6月以内が約26パーセント（6月以内までの合計は約80パーセントとなる。），1年以内が約15パーセント，1年を超えるものが約5パーセントとなっている。

第1　調停の申立て

1　書面による申立て

　　平成23年の民調法の改正によって，円滑な手続の運営と簡易迅速な事件処理を図る趣旨から，調停の申立ては，申立書を裁判所に提出してしなければならないこととされた。

　　民調法4条の2第1項及び第2項は，非訟法43条1項及び2項についての「特別の定め」（民調法22条）である。非訟法43条3項から6項までは，民事調停の手続に準用される。（後記6，87頁）

> 調停の申立ては，申立書を裁判所に提出してしなければならない。
>
> 　　　　　　　　　　　　　　　　　　　　　　　（民調法4条の2第1項）

(1)　定型申立書による申立て

　　簡易裁判所の窓口には，貸金，売買代金，交通調停事件等の類型的な調停事件について，必要な事項を印刷した定型の申立書用紙が備えられており，申立人が申立書用紙の空欄に書込みをすることによって調停の申立書を作成することができるようになっている。

(2)　準口頭受理（準口頭申立て）

　　身体上の障害等により，書面を作成することが困難な申立人については，裁判所書記官が申立人から聴取した事情を基に，定型申立書の必要的記載事項を記載し，申立人本人が署名押印した申立書を受理することによって，調停の申立てをすることが可能である。

(3)　申立ての併合

ア　申立ての併合の種類

　㈎　**申立ての客観的併合**

　　　１つの申立てにより複数の調停事項について調停を求める場合である。

　㈏　**申立ての主観的併合（共同調停）**

　　　調停の当事者の一方又は双方に複数の当事者がいる場合である。

　イ　調停の申立ての併合

　　　調停の申立ての併合（客観的併合）については，民調法22条により非訟法43条３項が準用される。

　申立人は，２以上の事項について裁判を求める場合において，これらの事項についての非訟事件の手続が同種であり，これらの事項が同一の事実上及び法律上の原因に基づくときは，１の申立てにより求めることができる。

（非訟法43条３項）

　　　非訟法43条３項では，１つの申立てにより複数の裁判を求める事項が含まれることを想定しているのであり，複数の申立人が同一の裁判を求める場合については，対象としていない。それは，申立人が違っても裁判を求める事項が同一であれば，裁判を求める事項は１つという考え方をとっているからであり，このような場合は，特段併合申立ての規律を設ける必要はないと考えたものである。（逐条非訟法168頁）

２　調停申立書の記載事項

　前項の申立書には，次に掲げる事項を記載しなければならない。

一　当事者及び法定代理人

二　申立ての趣旨及び紛争の要点　　　　（民調法４条の２第２項）

　⑴　申立ての趣旨

　　ア　申立ての趣旨の意義

　　　申立ての趣旨とは，当事者間に発生している具体的な民事に関する紛争について，申立人の求める解決の結論部分をいう。

　　　記載例「相手方は，申立人に対し，100万円を支払う。」

　　イ　申立ての変更

　　　㈎　申立ての変更の意義

　　　　調停の**申立ての変更**とは，調停の申立人が，申立書の記載事項である申立ての趣旨又は紛争の要点を変更することによって，その申立てにより調停を求める事項を変更することである。

調停の申立ての変更については，民調法22条により非訟法44条が準用される。ただし，民事調停においては，「申立ての原因」は「紛争の要点」と読み替えることになる。

(イ)　申立ての変更の要件

> 申立人は，申立ての基礎に変更がない限り，申立ての趣旨又は原因を変更することができる。　　　　　　　　　　　　　　　　　　　　（非訟法44条1項）

申立ての基礎に変更がないとは，調停を求める事項に係る権利関係の基礎となる事実が共通し，変更後もそれまでの調停資料の主要部分を調停に利用することができる場合をいう。

申立ての変更ができるのは，終局決定がされるまでである。

(ウ)　申立ての変更の手続

> 申立ての趣旨又は原因の変更は，非訟事件の手続の期日においてする場合を除き，書面でしなければならない。　　　　　　　　　　　　　　（同条2項）

(エ)　変更不許の裁判

> 裁判所は，申立ての趣旨又は原因の変更が不適法であるときは，その変更を許さない旨の裁判をしなければならない。　　　　　　　　　　　（同条3項）

(オ)　手続が著しく遅滞する場合

> 申立ての趣旨又は原因の変更により非訟事件の手続が著しく遅滞することとなるときは，裁判所は，その変更を許さない旨の裁判をすることができる。
> 　　　　　　　　　　　　　　　　　　　　　　　　　　　　　　（同条4項）

申立ての変更を許さない旨の裁判は，終局決定以外の裁判であるから，即時抗告をすることはできない。（非訟法79条，後記126頁）

ウ　申立ての変更の通知

申立ての変更の通知については，民調規則24条により非訟規則41条が準用される。ただし，民事調停においては，「申立ての原因」は「紛争の要点」と読み替えることになる。

　申立人が法第44条第1項の規定により申立ての趣旨又は原因を変更した場合には，同条第3項又は第4項の規定による裁判があったときを除き，裁判所書記官は，その旨を当事者及び利害関係参加人に通知しなければならない。

（非訟規則41条）

(2)　紛争の要点

　　ア　紛争の要点の意義

　　　　紛争の要点とは，民事紛争の実情の要点であって，申立ての趣旨を導き出すための争いが生じた原因や経過，又は現在の対立点，当事者間で行われた折衝の経緯等である。

　　　　記載例

　　　　「申立人は，相手方に，令和○年○月○日に100万円を貸し，同年○月○日に返済する約束であったが，その日を過ぎても返済されない。」

　　イ　紛争の要点の記載

　　　　紛争の要点は，訴状の記載事項である請求の原因（民訴法133条2項）よりは幅広い内容を指す。

　　　　民事調停手続は，申立人本人が自ら申立てをすることが多いこと，当事者間の合意による自主的な紛争解決が最終目的であることに鑑み，申立書において，申立ての趣旨に係る権利関係を特定するための事実が，法律的に正確に構成された上で網羅的に記載されることまでは要求されず，むしろ，迅速な調停の成立を目指すためには早期の段階で紛争の核心に触れることが重要であることから，申立ての趣旨に表示した解決の結論部分と直接結び付く紛争の実情が簡潔に記載される必要があると考えられるため，「紛争の要点」との表現が用いられている。（逐条非訟法441頁）

　　　　なお，調停申立書は，相手方に写しを送付することになるから（後記(6)，83頁），いたずらに相手方を刺激するような内容を記載することは避けるべきである。

(3)　調停申立書の記載事項と添付書類

　　ア　申立書の記載事項

　法第4条の2第1項の申立書には，申立ての趣旨及び紛争の要点並びに第24条において準用する非訟事件手続規則（平成24年最高裁判所規則第7号）第1条第1項各号に掲げる事項を記載するほか，紛争の要点に関する証拠書類があるときは，その写しを添付しなければならない。　　　　　　　（民調規則3条）

イ 調停申立書への非訟規則の準用

調停申立書については，民調規則24条により非訟規則1条1項が準用される。

申立書その他の当事者，利害関係参加人又は代理人が裁判所に提出すべき書面には，次に掲げる事項を記載し，当事者，利害関係参加人又は代理人が記名押印するものとする。

一 当事者及び利害関係参加人の氏名又は名称及び住所並びに代理人の氏名及び住所

二 当事者，利害関係参加人又は代理人の郵便番号及び電話番号（ファクシミリの番号を含む。次項において同じ。）

三 事件の表示

四 附属書類の表示

五 年月日

六 裁判所の表示 　　　　　　　　　　　　　　　　　　（非訟規則1条1項）

本条の申立書に含まれるのは，調停申立書，利害関係人参加申立書，移送申立書等である。

(4) 添付書類

ア 資格証明書等

(ア) 法人の場合 　　　　　　　登記事項証明書

(イ) 未成年者の場合 　　　　　戸籍謄本

(ウ) 成年被後見人の場合 　　　後見等登記事項証明書

(エ) 不動産に関する調停 　　　登記事項証明書，固定資産評価証明書

イ 証拠書類

(ア) 契約に関する調停 　　　　契約書，領収書等

(イ) 交通事故に関する調停 　　事故証明書，事故状況図，診断書，カルテ，
　　　　　　　　　　　　　　　診療報酬明細書，休業損害証明書等

(ウ) 建築に関する調停 　　　　請負契約書，見積書，建築確認申請書，
　　　　　　　　　　　　　　　検査済証等

ウ 申立書の写し

書面の写しの提出については，民調規則24条により非訟規則3条2項が準用される。

> 裁判所は，申立書その他の書面を送付しようとするときその他必要があると認めるときは，当該書面を裁判所に提出した者又は提出しようとする者に対し，その写しを提出することを求めることができる。　（非訟規則3条2項）

(5)　手続代理人の代理権の証明

　　手続代理人の代理権の証明については，民調規則24条により非訟規則16条が準用される。

> 手続代理人の権限は，書面で証明しなければならない。（非訟規則16条1項）

　　代理権を証明する書面は，任意代理人については委任状，法定代理人については登記事項証明書，戸籍謄本その他の資格証明書（前記(4)ア）である。

(6)　申立書の取扱い

　　調停の申立書を相手方に送付又は送達することは法律上要請されていない。したがって，申立書及び本条により添付する証拠書類を相手方に送付するか否かは，裁判所の運用に委ねられることとなるが，申立人からどのような内容の調停が申し立てられたかを相手方にあらかじめ知らせておき反論の準備をさせることは，調停の円滑な進行と相手方の手続保障に資することから，原則として，呼出状とともに申立書の写しを送付する扱いが実務の一般的な運用であったところであり，本規則の改正後も，同様の運用がなされるものと考えられる。（条解非訟規則304頁）

(7)　手数料等の納付

ア　手数料

　(ア)　申立ての手数料

> 別表第一の上欄に掲げる申立てをするには，申立ての区分に応じ，それぞれ同表の下欄に掲げる額の手数料を納めなければならない。
>
> 　　　　　　　　　　　　　　　　　　　　　　　　（民訴費用法3条1項）

　　　　調停申立書には，調停を求める事項の価額に応じて，民訴費用法3条1項別表第一の14の項の下欄に掲げる額の手数料を納めなければならない。

　　　　調停の申立ての手数料は，訴訟の申立ての手数料と比較しておおむね半額になっている。

　　　　訴訟　請求が100万円までの部分　10万円までごとに1000円

　　　　調停　請求が100万円までの部分　10万円までごとに　500円

(イ)　価額が算定不能の場合

調停を求める事項の価額が明示できない場合は，算定不能として160万円とみなした価額の手数料（6500円）を納付する。

> 前項の価額は，これを算定することができないか又は極めて困難であるときは，160万円とみなす。　　　　　　　　　　　　　　　　　（同法4条7項）

(ウ)　納付の方法

> 手数料は，訴状その他の申立書又は申立ての趣意を記載した調書に収入印紙をはつて納めなければならない。ただし，最高裁判所規則で定める場合には，最高裁判所規則で定めるところにより，現金をもつて納めることができる。
> 　　　　　　　　　　　　　　　　　　　　　　　　　　　　　（同法8条）

調停申立書に貼付された収入印紙は，裁判所において消印する。

イ　手数料以外の費用

(ア)　納付義務

> 次に掲げる金額は，費用として，当事者等が納めるものとする。
> 一　裁判所が証拠調べ，書類の送達その他の民事訴訟等における手続上の行為をするため必要な次章に定める給付その他の給付に相当する金額
> 二　証拠調べ又は調停事件以外の民事事件若しくは行政事件における事実の調査その他の行為を裁判所外でする場合に必要な裁判官及び裁判所書記官の旅費及び宿泊料で，証人の例により算定したものに相当する金額
> 　　　　　　　　　　　　　　　　　　　　　　　　　　　（同法11条1項）

(イ)　郵便切手等による予納

> 裁判所は，郵便物の料金又は民間事業者による信書の送達に関する法律第2条第6項に規定する一般信書便事業者若しくは同条第9項に規定する特定信書便事業者の提供する同条第2項に規定する信書便の役務に関する料金に充てるための費用に限り，金銭に代えて郵便切手又は最高裁判所が定めるこれに類する証票で予納させることができる。　　　　　　　　　　　　　　　　（同法13条）

3　手続上の救助

調停手続における**手続上の救助**については，民調法22条により非訟法29条が準用される。

> 非訟事件の手続の準備及び追行に必要な費用を支払う資力がない者又はその支払により生活に著しい支障を生ずる者に対しては，裁判所は，申立てにより，手続上の救助の裁判をすることができる。ただし，救助を求める者が不当な目的で非訟事件の申立てその他の手続行為をしていることが明らかなときは，この限りでない。　　　　　　　　　　　　（非訟法29条 1 項）

(1)　救助の要件

　ア　積極要件

　　調停手続の準備及び追行に必要な費用を支払う資力がないかその支払により生活に著しい支障を生ずることである。

　イ　消極要件

　　ただし書の消極要件については，民訴法82条（訴訟上の救助） 1 項ただし書の「勝訴の見込みがないとはいえないとき」という用語に代えて，「救助を求める者が不当な目的で非訟事件の申立てその他の手続行為をしていることが明らかなとき」とされている。非訟事件の手続においては，通常，勝敗を観念することができないからである。

(2)　救助の申立て

　　救助の申立ての方式等については，民調規則24条により非訟規則18条が準用される。

　ア　申立ての方式

> 手続上の救助の申立ては，書面でしなければならない。（非訟規則18条 1 項）

　イ　救助の事由の疎明

> 手続上の救助の事由は，疎明しなければならない。　　　　　（同条 2 項）

　　　救助の申立てをする場合には，救助の要件を疎明するために民事法律扶助制度による法律扶助を受けているときの扶助決定書や，給与明細，源泉徴収票，確定申告書等の収入に関する資料を提出する必要がある。

(3)　具体的な手続

　　手続上の救助に関する具体的な手続については，民調法22条が準用する非訟法29条 2 項が更に準用する民訴法の規定による。

> 民事訴訟法第82条第2項及び第83条から第86条まで（同法第83条第1項第3号を除く。）の規定は，手続上の救助について準用する。この場合において，同法第84条中「第82条第1項本文」とあるのは，「非訟事件手続法第29条第1項本文」と読み替えるものとする。　　　　　　　　　　　（非訟法29条2項）

(4)　救助決定の効果

　　手続上の救助は，申立手数料や手続費用の支払を免除するものではなく，その支払が猶予されるにとどまる。したがって，民事調停が終了し，救助を受けた者がそれらの費用を負担すべき場合には，費用を納付しなければならない。

(5)　不服申立て

　　ア　即時抗告

　　　　手続上の救助を付与する決定，申立てを却下する決定等に対しては，民訴法86条が準用され，即時抗告をすることができる。

> この節に規定する決定に対しては，即時抗告をすることができる。
>
> 　　　　　　　　　　　　　　　　　　　　　　　　　　　（民訴法86条）

　　イ　即時抗告権者

　　　　手続上の救助の決定に対しては，相手方当事者も即時抗告をすることができる。

　　　　「訴訟上の救助の決定に対しては，訴訟の相手方当事者は，即時抗告をすることができる。」（最2小決平16・7・13民集58巻5号1599頁，判時1879号45頁，判タ1168号127頁）

　　ウ　即時抗告期間

　　　　即時抗告期間については，民調法22条により非訟法81条が準用され，決定の告知を受けた日から1週間である。（後記第8の4(3)，127頁）

4　調停申立書の審査

　　受調停裁判所は，調停申立書について，適式性（必要的記載事項がすべて記載されているか，手数料相当額の収入印紙が貼付されているか）及び適法性（当事者能力，当事者適格，代理権の有無，管轄等）の審査をする。

5　申立書の補正等の促し

　　民調規則10条は，非訟規則38条（非訟事件の申立書の補正の促し）についての「特別の定め」である。

> 調停主任は，法第4条の2第1項の申立書の補正又は調停手続に必要な書類の提出を促す場合には，裁判所書記官に命じて行わせることができる。
>
> （民調規則10条）

　民事調停の申立書には，法4条の2第2項のほか，非訟規1条1項に掲げる事項の記載が求められるところ，これらの事項についての記載の不備が補正の促しの対象となる。また，「調停手続に必要な書類」とは，調停の申立ての際に申立書に添付する必要がある「証拠書類」（3条）はもちろんのこと，調停の過程で，調停委員会や調停主任等が必要と考えた資料一切（事実の調査や証拠調べのために，提出が必要な書類も入ることになる。）が含まれる。（条解非訟規則310頁）

(1)　申立書の補正

　　申立人が，裁判所書記官による申立書の補正の促しに応じない場合は，裁判官が補正を命じ，補正されないときは，調停申立書を却下する。（後記6(2)頁）

(2)　調停手続に必要な書類の提出

　　申立人が，裁判所書記官による書類の提出の促しに応じない場合には，調停申立書を却下することはできない。

6　申立書の却下

　申立人が，調停申立書の補正の促しに応じない場合には，裁判官は，補正を命じた上，補正されないときは，命令で調停申立書を却下しなければならない。（民調法22条による非訟法43条4項から6項までの準用）

(1)　**補正命令**

> 非訟事件の申立書が第2項の規定に違反する場合には，裁判長は，相当の期間を定め，その期間内に不備を補正すべきことを命じなければならない。民事訴訟費用等に関する法律の規定に従い非訟事件の申立ての手数料を納付しない場合も，同様とする。
>
> （非訟法43条4項）

　　補正の期間をどの程度にするかは，受調停裁判所の裁量に委ねられているが，補正の難易に応じて定められる。

(2)　**申立書却下命令**

> 前項の場合において，申立人が不備を補正しないときは，裁判長は，命令で，非訟事件の申立書を却下しなければならない。
>
> （同条5項）

　　　　ア　申立書の却下と申立ての却下

　　　　　　申立書の却下の制度が，申立ての却下（後記第4章第2，128頁）と区
　　　　別して設けられているのは，申立書の記載事項の不備や手数料の不納付の
　　　　場合の定型的判断については，実体判断とは区別して，簡易な手続終了事
　　　　由を認めるのが相当であるからである。（第4章第2の1⑵，後記128頁）

　　　　イ　補正期間後の補正

　　　　　　補正のための期間を徒過しても，裁判所が申立書を却下するまでに申立
　　　　人が申立書を補正すれば，申立書を却下することはできない。

　　　　　　抗告について，手数料の納付を命ずる補正命令を受けた者が，補正期間
　　　　経過後に手数料を納付した場合，抗告状は有効となるとする判例がある。

【判例⑫】抗告提起の手数料の納付を命ずる裁判長の補正命令を受けた者が，当該
　　　　命令において定められた期間内にこれを納付しなかった場合においても，
　　　　その不納付を理由とする抗告状却下命令が確定する前にこれを納付すれ
　　　　ば，その不納付の瑕疵は補正され，抗告状は当初に遡って有効となる。（最
　　　　1小決平27・12・17裁判集民251号121頁，判時2291号52頁，判タ1422号72
　　　　頁）

　　⑶　却下命令に対する即時抗告

　　　　調停申立書の却下命令に対しては，即時抗告をすることができる。

　　前項の命令に対しては，即時抗告をすることができる。（非訟法43条6項）

第2　付調停

1　必要的な付調停（調停前置主義，必要的職権調停）

　　民事調停と民事訴訟は，いずれも裁判所が関与して民事紛争を解決する手続
であり，当事者がいずれの手続を選択するかは，原則として自由である。

　　例外として，借地借家法11条の地代等の増減請求又は同法32条の建物借賃額
の増減請求に関する事件につき訴えを提起しようとする者は，まず調停の申立
てをしなければならない。（民調法24条の2第1項，第2編第1章第3，後記
176頁）

　　これは調停前置主義とよばれるものである。

　　これらの事件については，賃貸借契約という継続的な法律関係にある当事者
間の利害関係の調整が必要であることから，判決による判断よりも，当事者間
の互譲による合意に基づいて円満に解決されることが望ましいため，調停前置
主義が採用されている。

　　これらの事件について調停の申立てをすることなく訴えを提起した場合に

は，受訴裁判所は，その事件を調停に付さなければならない。（同第2項，後
記178頁）

2　任意的な付調停（任意的職権調停）

> 受訴裁判所は，適当であると認めるときは，職権で，事件を調停に付した上，
> 管轄裁判所に処理させ又は自ら処理することができる。ただし，事件について
> 争点及び証拠の整理が完了した後において，当事者の合意がない場合には，こ
> の限りでない。　　　　　　　　　　　　　　　　　　　　（民調法20条1項）

(1)　職権調停の要件

　　民調法20条1項の任意的職権調停の要件は，以下のとおりである。

　ア　受訴裁判所であること

　　督促事件，訴え提起前の和解事件，仮差押・仮処分事件を調停に付すこ
　とはできない。

　イ　適当であると認められること

　ウ　職権でなすこと

　　当事者が，訴訟事件の係属中に，事件を調停に付すよう申し立てるの
　は，裁判所の職権発動を求める趣旨にすぎない。

　エ　当事者の合意がない場合には，事件について争点及び証拠の整理が完了
　した後でないこと

(2)　付調停の決定

　ア　口頭弁論期日における決定

　　訴訟事件を調停に付す決定が口頭弁論期日においてなされた場合，決定
　及び民調法20条1項ただし書の当事者の合意は，口頭弁論調書の必要的記
　載事項となる。（民訴規則67条1項7号，書面を作成しないでした裁判）

　　記載例「裁判官　本件を○○簡易裁判所の民事一般調停に付する。」

　イ　期日外における決定

　　決定書を作成し，当事者に告知する。

(3)　他庁調停

　　受訴裁判所が調停事件の管轄権を有しない場合，調停事件の管轄権を有す
　る裁判所に事件を処理させることを**他庁調停**という。

(4)　付調停の決定に対する不服申立て

　　受訴裁判所が訴訟事件を他の裁判所の調停に付する旨の決定をしたとき
　は，当事者は不服申立て（即時抗告）をすることができる。

【判例⑬】受訴裁判所がその事件について他の裁判所の調停に付する旨の決定は，

従前の裁判所と異なる裁判所で調停を受けるという点は移送と同じ性質を有している。従って，受訴裁判所の事件を他の裁判所の調停に付する旨の決定に対しては，当事者は民事調停法22条，非訟事件手続法20条によって抗告をなし得る。（東京高決昭30・5・20高民集8巻4号325頁，判時53号16頁）

(5)　自庁調停

受訴裁判所が調停事件の管轄権を有するか否かを問わず，自ら調停事件を処理することを**自庁調停**（受調停裁判所の自庁処理，前記44頁）という。

第1項の規定により受訴裁判所が自ら調停により事件を処理する場合には，調停主任は，第7条第1項の規定にかかわらず，受訴裁判所がその裁判官の中から指定する。　　　　　　　　　　　　　　　　　　（民調法20条3項）

調停手続の後に訴訟手続で判決をする場合に，調停委員の専門的知識を利用しようとするときは，訴訟事件を担当する裁判官が，自ら調停主任として調停手続を主宰する方法もある。

【判例⑭】訴訟事件を職権で調停に付し，受訴裁判所の裁判官自らが調停主任裁判官として調停手続を主宰して専門家調停委員の意見を聴いた上，後の判決手続で，これを参考にして建築工事の可否及び工事方法に関する判断をした事例。（東京地判平8・9・25判タ920号197頁）

3　調停成立と訴えの取下擬制

(1)　訴えの取下擬制

前項の規定により事件を調停に付した場合において，調停が成立し又は第17条の決定が確定したときは，訴えの取下げがあったものとみなす。　　　　　　　　　　　　　　　　　　　　　　　　　（民調法20条2項）

訴訟事件を調停に付し，調停が成立するか調停に代わる決定（後記137頁）が確定したときは，調停係属及び訴訟係属が終了する。

(2)　受訴裁判所に対する通知

法第20条第2項の規定により訴えの取下げがあったものとみなされるときは，調停事件の係属した裁判所の裁判所書記官は，受訴裁判所に対し，遅滞なく，その旨を通知しなければならない。　　　　　　（民調規則23条1項）

書記官は，受訴裁判所に対し，調停調書の謄本を添付して通知する。

4　非訟事件の付調停

(1)　訴訟事件に関する規定の準用

> 前 3 項の規定は，非訟事件を調停に付する場合について準用する。
>
> （民調法20条 4 項）

　　非訟事件であっても，実情に即した柔軟な紛争解決が望ましい事件もあるため，受訴裁判所による付調停の規定が，非訟事件に準用される。

(2)　非訟事件裁判所に対する通知

> 　前項の規定は，法第20条第 4 項において準用する同条第 2 項の規定により非訟事件の申立ての取下げがあったものとみなされる場合について準用する。
>
> （民調規則23条 2 項）

第 3　調停前の措置

1　調停前の措置の意義

　　調停前の措置とは，調停の成立及び執行を保全するために，調停委員会によって行われる調停の成否確定に至るまでの一時的な処分である。

> 　調停委員会は，調停のために特に必要があると認めるときは，当事者の申立てにより，調停前の措置として，相手方その他の事件の関係人に対して，現状の変更又は物の処分の禁止その他調停の内容たる事項の実現を不能にし又は著しく困難ならしめる行為の排除を命ずることができる。　　（民調法12条 1 項）

2　調停前の措置の要件

(1)　調停のために特に必要であること

　　　申立人の利益と相手方の被る不利益とを比較して判断する。

(2)　当事者の申立てがあること

(3)　調停申立後その終了前であること

(4)　相手方その他の事件の関係人に対するものであること

3　申立ての方式

　　申立ての方式は，書面又は口頭による（民調規則24条が準用する非訟規則 4 条が更に準用する民訴規則 1 条，後記97頁）が，書面による申立てが望ましい。

4　調停前の措置の内容

　　調停の内容である事項の実現を不能にし又は著しく困難にする行為の排除である。現状の変更又は物の処分の禁止は，その例示である。

(1)　現状の変更の禁止

例えば，家屋の明け渡しを求める調停事件において，家屋の改築や取壊しを禁止したり，借地権の存否が争われている調停事件において，土地上に新たに家屋を建築することを禁止したりすることである。

(2)　物の処分の禁止

例えば，動産の引渡しを求める調停事件において，動産を他に売却したり貸与することを禁止することである。

(3)　調停の内容たる事項の実現を著しく困難ならしめる行為の排除

例えば，日照の阻害になるとして一定の高さ以上の建物を建築しないよう求める調停事件において，建築工事の続行を一時禁止することである。

5　措置命令の性質

調停前の措置命令は，民事調停法が認めた調停機関による自由裁量的処分であって，裁判の性質を有するものではない。

6　調停前の措置の効力

> 前項の措置は，執行力を有しない。　　　　　　　　　　　　（民調法12条2項）

調停前の措置命令は，民事保全法に基づく仮処分命令と異なり，債務名義としての執行力を有しないから，財産を差し押さえたり，登記をしたりすることはできない。相手方に対して任意の履行を求める処分である。

7　調停前の措置をする場合の制裁の告知

> 調停委員会は，法第12条第1項の措置をする場合には，同時にその違反に対する法律上の制裁を告知しなければならない。　　　　　　（民調規則6条）

実務では，措置命令書の末尾に，注意書として，措置違反に対する法律上の制裁（後記9）を記載している。

（注意）「相手方及び利害関係人が正当な事由なくこの命令に従わないときは，10万円以下の過料に処せられることがある。」

仮にこの制裁の告知を欠いても，過料を科する裁判は有効であると解されている。

8　措置命令に対する不服申立て

調停前の措置命令に対しては，相手方その他の事件の関係人は，不服申立てをすることができないとするのが裁判例・通説である。

【判例⑮】民事調停法12条により調停委員会の為すべき措置命令はいわゆる裁判に該当せず，従って相手方は，不服申立てをすることができない。（仙台高決昭29・11・11下民集5巻11号1860頁）

9　措置違反に対する制裁

> 当事者又は参加人が正当な事由がなく第12条（第15条において準用する場合を含む。）の規定による措置に従わないときは，裁判所は，10万円以下の過料に処する。
> 　　　　　　　　　　　　　　　　　　　　　　　　　　　（民調法35条）

第4　調停の申立てと他の手続

1　民事訴訟等と調停

　民調法20条の3は，調停事件と訴訟事件が併存した場合における**訴訟手続の中止**について定めている。

　同一の紛争について調停事件と訴訟事件が同時に係属している場合，両者の関係を明確にするため，裁判所の裁量により，訴訟事件の手続を中止することができる。

⑴　訴訟手続の中止

> 調停の申立てがあった事件について訴訟が係属しているとき，又は第20条第1項若しくは第24条の2第2項の規定により事件が調停に付されたときは，受訴裁判所は，調停事件が終了するまで訴訟手続を中止することができる。ただし，事件について争点及び証拠の整理が完了した後において，当事者の合意がない場合には，この限りでない。
> 　　　　　　　　　　　　　　　　　　　　　（民調法20条の3第1項）

　ア　当事者の申立権

　　訴訟手続の中止について，当事者に申立権はない。

【判例⑯】調停の申立が受理された事件について訴訟手続を中止するかどうかは，受訴裁判所の自由裁量に委ねられている。それ故，当事者が調停の申し立てられたことを理由として訴訟手続の中止を求める行為は，ただ裁判所の職権発動を促すにすぎないのであって，当事者は訴訟手続の中止を求める申立権を持っているわけではない。（最3小判昭24・8・2民集3巻9号305頁）

　イ　中止の判断

　　訴訟手続の中止の判断は，受訴裁判所の自由裁量に委ねられている。

【判例⑰】調停の申立があった事件について訴訟が係属する場合において，訴訟手続を中止するか否かは，裁判所の自由裁量に委ねられている。（最2小判昭28・1・23民集7巻1号92頁，判タ28号47頁）

　ウ　中止決定の方式

　　訴訟手続の中止決定は，民事訴訟手続上の決定である。

(ア)　口頭弁論期日における決定

訴訟手続の中止決定及び民調法20条の3第1項ただし書の当事者の合意は，口頭弁論調書の実質的記載事項となる。（民訴規則67条1項7号，書面を作成しないでした裁判）

記載例「裁判官　調停事件の終了まで本件訴訟手続を中止する。」

(イ)　期日外における決定

決定書を作成し，当事者に告知する。

エ　不服申立て

訴訟手続の中止決定に対しては，不服申立てをすることができない。

【判例⑱】「争点及び証拠の整理が完了した後において」とは，訴訟手続が準備的段階を終った後においてとの意味と解すべきである。訴訟手続の中止の裁判は，調停手続における裁判ではなく，民事訴訟手続上の決定であって，裁判所の訴訟指揮権に基づくものであるから，これに対し抗告をもって不服申立てをすることはできない。（大阪高決昭38・12・26下民集14巻12号2669頁，判時365号66頁）

(2)　非訟手続の中止

前項の規定は，調停の申立てがあった事件について非訟事件が係属しているとき，又は第20条第4項において準用する同条第1項の規定により非訟事件が調停に付されたときについて準用する。　　　　　（民調法20条の3第2項）

(3)　二重起訴の禁止

裁判所に係属する事件については，当事者は，更に訴えを提起することができない。　　　　　　　　　　　　　　　　　　　（民訴法142条）

ア　民事訴訟と民事調停

民事訴訟と民事調停の手続を並行的に進めることは可能であり，二重起訴とはならない。

イ　訴え提起前の調停と二重起訴

相手方から損害賠償請求の訴えを提起された者が，その相手方を被告として右損害賠償債務不存在確認の訴えを提起した場合には，相手方の訴え提起前に調停の申立てをしていても，二重起訴の禁止にふれ，不適法である。

【判例⑲】民事訴訟法142条にいう事件の係属とは，裁判所が事件につき現に判決をするために必要な行為をすべき状態にあることをいうものと解すべきと

ころ，民事調停法19条の定めは，出訴期間の遵守，出訴に伴う時効中断等の利益を慮って，調停利用者の保護のために設けられた規定にすぎず，これにより，当然に右訴提起の日とみなされる日から判決手続が存在していたとの効果の発生までを認めるものではないと解すべきであるから，右調停先行の事実は何ら前記結論に消長を及ぼすものではない。（東京地判昭60・8・29判時1196号129頁，判タ594号119頁）

2　民事執行と調停

(1)　民事執行の手続の停止

> 調停事件の係属する裁判所は，紛争の実情により事件を調停によって解決することが相当である場合において，調停の成立を不能にし又は著しく困難にするおそれがあるときは，申立てにより，担保を立てさせて，調停が終了するまで調停の目的となった権利に関する民事執行の手続を停止することを命ずることができる。ただし，裁判及び調書その他裁判所において作成する書面の記載に基づく民事執行の手続については，この限りでない。（民調規則5条1項）

ア　制度の目的

民調規則5条1項による民事執行の手続の停止は，債務履行の意思と能力を有する誠実な債務者を救済し，実情に則した円満な解決を目的とするものである。

一方において，不誠実な債務者によって執行回避の目的で濫用される危険もあることから，本規定による執行停止の運用には慎重を期すべきである。

イ　停止の対象

執行手続が裁判及び調書その他裁判所において作成した書面の記載に基づく場合は，執行手続の停止を求めることはできない。具体的には，確定判決，和解調書，認諾調書，調停調書，仮執行宣言付支払督促である。

停止の対象となるのは，公正証書（執行証書，民執法22条5号）に基づく強制執行や担保権の実行としての競売等（民執法180条以下）の手続である。

ウ　停止の要件

(ア)　紛争の実情により事件を調停によって解決することが相当であること

(イ)　調停の目的となった権利につき民事執行手続が行われていることが調停の成立を不能にし又は著しく困難にするおそれがあること

エ　裁判例

(ア)　執行停止の相当性

　　民調規則による競売手続停止の申立てが，権利の濫用に当たるとされた事例がある。

【判例⑳】債務の状態及び相手方の調停に臨む態度等に徴すると，相手方が果たして誠実な債務者として債務を履行する意思及びその可能性を有するかどうか甚だ疑わしいといわざるを得ない。このような状況の下において相手方から調停の申立があったからということだけで，競売手続の停止を命ずることは，到底制度の趣旨にそわないものというべきであるから結局相手方のした競売手続停止の申立は権利の濫用に該るものであって許されないものというべきである。（東京地決昭51・11・9下民集27巻9〜12号768頁，判時853号65頁）

　　次の2つの裁判例は，調停事件の係属する裁判所の競売手続停止決定が，違法として取り消された事例である。

【判例㉑】物上保証人が，競売の入札期間通知を受ける段階になってから抵当権者と弁済についての交渉を始め，また残債務額を大きく下回る弁済金額の提示をしている等の事情がある場合には，誠実に責任を履行する意思がある物上保証人であるとはいえず，民事調停規則6条1項（注．現行の民調規則5条1項）に基づく競売手続停止を認めることは不相当である。（東京地決平2・6・25金融法務1264号43頁）

【判例㉒】調停申立てが不動産の入札期間決定の直前になされたものであることや，相手方が任意売却による弁済額を超える部分を含めた債務全体の弁済計画案を全くを提示していないこと等の事実に照らすと，相手方には，誠実な債務者として調停成立に向けた真摯な態度があるとは認められず，相手方の競売手続停止の申立ては却下するのが相当である。（東京地決平12・8・3金融法務1596号86頁）

(イ)　執行停止と遅延損害金

　　競売手続の停止により損害を被った債権者は，競売手続が再開されれば，競売事件が終結していなくても，遅延損害金を請求することができる。

【判例㉓】第三者が民事調停規則6条（注．現行の民調規則5条）に基づき支払保証委託契約を締結する方法により競売手続の停止につき担保を提供した場合には，競売事件が終結していなくても，執行債権者は担保提供者に対し保証委託の額を限度として遅延損害金を請求することができる。（東京地判平7・2・24判タ920号239頁）

債務弁済協定調停（特定調停）及びこれに伴う競売手続停止決定は，保証金が安い傾向にあり，競売手続を遅延させる目的で申立てがなされる傾向がないわけではない。

(ｳ)　執行停止の申立てと不法行為

民調規則による競売手続停止の申立ては，権利濫用にあたる特段の事情がない限り違法とはいえず，損害賠償請求は認められないとした事例がある。

【判例㉔】民事調停規則による競売手続停止の申立ては，競落許可決定が確定し，配当期日が指定された後であっても，それが権利濫用にあたる特段の事情がない限り，適法である。（東京地判昭54・9・14判タ401号93頁）

競売手続停止の申立ては，競売手続を遅延させる目的のために申し立てられた特段の事情が立証できれば，違法といえる。

【判例㉕】民事調停の申立て，競売手続停止の申立ては法に依拠するものであり，特段の事情がない限り不法行為とはならない。もっぱら競売手続を遅延させる目的のために申し立てられたことは，右特段の事情に当たるということができ，これが立証されれば，その申立ては違法ということができる。

（東京地判平11・6・30金融商事1083号44頁）

(2)　執行停止の申立て

ア　申立ての方式

申立ての方式は，書面又は口頭による（民調規則24条が準用する非訟規則4条が更に準用する民訴規則1条）が，書面による申立てが望ましい。

> 民事訴訟規則第1条の規定は非訟事件の手続における申立てその他の申述の方式について，同規則第4条の規定は非訟事件の手続における催告及び通知について，同規則第5条の規定は非訟事件の手続における書類の記載の仕方について準用する。　　　　　　　　　　　　　　　　（非訟規則4条）
>
> 申立てその他の申述は，特別の定めがある場合を除き，書面又は口頭ですることができる。　　　　　　　　　　　　　　　　　　　（民訴規則1条1項）

イ　理由の疎明

> 前2項の申立てをするには，その理由を疎明しなければならない。
>
> 　　　　　　　　　　　　　　　　　　　　　　　　　（民調規則5条3項）

執行手続停止の申立てをする場合，理由の疎明は，弁済計画書を提出するなどの方法による。

(3)　担保の提供

　ア　担保

　　担保は，執行手続の停止によって相手方が被ることが予想される有形無形の損害賠償請求権を担保するものである。

　　裁判所は，執行停止を求める理由につき疎明があると認めるときは，担保額，担保の提供期間を定めて，担保を提供すべき旨の決定をする。

　イ　担保についての民訴法の準用

　　担保提供の方法，担保物に対する相手方の権利，担保の取消し，担保の変換については，民事訴訟法の規定が準用される。

> 民事訴訟法（平成8年法律第109号）第76条，第77条，第79条及び第80条の規定は，第1項及び第2項の担保について準用する。　　　　（同条4項）

　ウ　担保提供の方法

　　担保提供の方法は，供託又はボンド（bond，裁判所の許可を得て銀行等との間で所定の支払保証委託契約を締結すること）による。

　　担保提供義務者に代わって，第三者が支払保証委託契約を締結する方法により担保を立てることもできる。

　　「民事調停規則6条による民事執行の手続の停止につき第三者が支払保証委託契約を締結する方法によって立てた担保について，担保権利者が銀行等に対して支払を請求するに当たり提示すべき債務名義等は，担保提供義務者本人を相手方とするものであることを要する。」（最2小判平11・4・16裁判集民193号7頁，判時1677号60頁，判夕1003号164頁）

(4)　執行停止決定

　ア　執行停止決定

　　申立人が，裁判所の定めた担保額を提供期間内に提供すると，裁判所は，執行停止決定をする。

　イ　執行停止決定の効力

　　執行停止決定は告知によって効力を生じるが，執行停止決定によって民事執行手続は当然には停止しない。

　　(ア)　強制競売の場合

　　　強制競売の場合，強制執行停止決定の正本を民事執行法39条1項7号書面（**執行停止文書**）として執行機関に提出することにより，執行手続が停止される。

> 　強制執行は，次に掲げる文書の提出があつたときは，停止しなければならない。
> 七　強制執行の一時の停止を命ずる旨を記載した裁判の正本
> 　　　　　　　　　　　　　　　　　　　　　　（民事執行法39条1項7号）

　㈥　担保権の実行としての競売の場合

　　　不動産担保権の実行としての競売の場合，停止決定の謄本を同法183条1項6号又は7号書面（**手続停止文書**）として執行機関に提出することにより，執行手続が停止される。

> 　不動産担保権の実行の手続は，次に掲げる文書の提出があつたときは，停止しなければならない。
> 六　不動産担保権の実行の手続の一時の停止を命ずる旨を記載した裁判の謄本
> 七　担保権の実行を一時禁止する裁判の謄本　　　　（民事執行法183条1項）

⑸　民事執行手続の続行

> 　調停の係属する裁判所は，民事執行の手続を停止することを命じた場合において，必要があるときは，申立てにより，担保を立てさせ又は立てさせないで，これを続行することを命ずることができる。　　　　　（民調規則5条2項）

　　　次に⑹で述べるとおり，執行停止決定に対する即時抗告は，執行停止の効力を有しない（非訟法72条1項）ため，債権者が停止された執行手続の続行を求めるときは，受調停裁判所に執行手続の続行の申立てをしなければならない。

⑹　即時抗告

　ア　即時抗告

> 第1項及び第2項の規定による決定に対しては，当事者は，即時抗告をすることができる。　　　　　　　　　　　　　　　　　　　　（同条5項）

　　　即時抗告期間については，民調法22条により非訟法81条（終局決定以外の裁判に対する即時抗告期間）が準用され，決定の告知を受けた日から1週間である。（後記127頁）

　イ　即時抗告と執行停止

> 終局決定に対する即時抗告は，特別の定めがある場合を除き，執行停止の効力を有しない。　　　　　　　　　　　　　　　　　　（非訟法72条1項本文）

　　調停に代わる決定に対する異議の申立てを却下する裁判については，民調法18条3項（後記143頁）の特則によるため，民事調停において非訟法72条1項が準用される場面はない。

第5　調停手続の原則

1　直接主義

　　民事調停において，**直接主義**とは，調停の審理を調停委員会自身が行う原則をいう。

2　口頭主義

　　民事調停において，**口頭主義**とは，調停の審理を口頭で行う原則をいう。

3　職権探知主義

　　調停委員会は，職権で事実の調査及び必要と認める証拠調べをすることができる。（民調法12条の7第1項，後記107頁）

4　非公開主義

　　非公開主義とは，審問，証拠調べ等を公開の場所で行わないことをいう。

　　訴訟手続と異なり，非訟事件である調停手続は非公開である。

　　非訟事件の手続については，実体的な権利義務関係を確定する手続ではないので，一般公開は憲法上要請されていない。（前記【判例⑦】，36頁）

　　調停手続の非公開については，民調法22条により非訟法30条が準用される。

> 非訟事件の手続は，公開しない。ただし，裁判所は，相当と認める者の傍聴を許すことができる。　　　　　　　　　　　　　　　　　　　　（非訟法30条）

　　調停手続は，非公開で行われ，原則として当事者以外の第三者が調停手続を傍聴することはできない。

　　調停記録の閲覧等についても，一般公開がされていない。（民調法12条の6第1項，後記120頁）

第6　調停手続の進行

1　調停手続の指揮

(1)　調停主任による指揮

　　　民調法12条の2は，非訟法45条1項（裁判長の手続指揮権）についての「特別の定め」として，調停主任の**手続指揮権**について定めている。

> 調停委員会における調停手続は，調停主任が指揮する。（民調法12条の２）

　　調停委員会が行う調停手続の指揮は，調停委員会を組織する裁判官である調停主任が行う。

(2)　指揮の対象

　　調停手続の指揮の対象は，調停期日における手続に限定されず，調停委員会の評議の主宰（後記8(2)，117頁）等，調停期日外における手続も含まれる。

(3)　手続指揮権の内容

　　手続指揮権の内容等については，民調法22条により非訟法45条２項及び３項が準用される。

> 裁判長は，発言を許し，又はその命令に従わない者の発言を禁止することができる。　　　　　　　　　　　　　　　　　　　　　　（非訟法45条２項）

(4)　手続指揮に対する異議

> 当事者が非訟事件の手続の期日における裁判長の指揮に関する命令に対し異議を述べたときは，裁判所は，その異議について裁判をする。　　（同条３項）

2　期日の指定

　　民調法12条の３は，非訟法34条１項（期日の指定）についての「特別の定め」として，調停期日の指定等について定めている。

> 調停委員会は，調停手続の期日を定めて，事件の関係人を呼び出さなければならない。　　　　　　　　　　　　　　　　　　　　（民調法12条の３）

　　期日の指定とは，調停委員会が調停手続の期日を定めることである。

3　期日の呼出し

　　期日の呼出しとは，調停委員会が指定した期日を当事者等の事件の関係人に知らせて出席を求めることをいう。

(1)　事件の関係人

　　事件の関係人とは，申立人，相手方及び調停委員会がその調停事件の解決のために事情を聴取する必要があると認めた者を指す。

(2)　呼出しの方法

　　呼出しの方法は，民調法22条が準用する非訟法34条４項が更に準用する民訴法94条１項による。

民事訴訟法第94条から第97条までの規定は，非訟事件の手続の期日及び期間
について準用する。　　　　　　　　　　　　　　　　　　　（非訟法34条4項）
　期日の呼出しは，呼出状の送達，当該事件について出頭した者に対する期日
の告知その他相当と認める方法によってする。　　　　　　（民訴法94条1項）

　　ア　呼出状の送達による呼出し
　　　　呼出しの原則は，裁判所書記官が呼出状を作成してこれを当事者等に送
　　　達する方法である。
　　イ　期日での口頭告知による呼出し
　　　　調停期日に出頭した当事者等に対しては，口頭で次回の調停期日を告知
　　　する。
　　ウ　相当と認める方法による呼出し（**簡易呼出し**）
　　　　相当と認める方法とは，普通郵便や電話による方法，弁護士事務所の事
　　　務員に伝言する方法等である。
　(3)　期日の呼出状

調停手続の期日の呼出状には，不出頭に対する法律上の制裁を記載しなけれ
ばならない。　　　　　　　　　　　　　　　　　　　　　　（民調規則7条）

　　　　呼出状の送達及び出頭者に対する期日での告知以外の方法による呼出し
　　　（簡易呼出し）をした場合は，原則として，不出頭の制裁を科すことはでき
　　　ない。

　呼出状の送達及び当該事件について出頭した者に対する期日の告知以外の方
法による期日の呼出しをしたときは，期日に出頭しない当事者，証人又は鑑定
人に対し，法律上の制裁その他期日の不遵守による不利益を帰することができ
ない。ただし，これらの者が期日の呼出しを受けた旨を記載した書面を提出し
たときは，この限りでない。　　　　　　　　　　　　　　（民訴法94条2項）

　　　　期日の呼出しを受けた旨の書面は，実務上，**期日請書**と呼ばれる。

【調停期日呼出状】

事件番号　令和○○年（ノ）第○○号
　　　　　○○請求調停事件
申立人　　○　○　○　○
相手方　　○　○　○　○

調停期日呼出状

令和○○年○月○日

相手方　　○　○　○　○　殿

○○簡易裁判所民事調停係

裁判所書記官　○　○　○　○

　頭書の事件について，当裁判所に出頭する期日及び場所が下記のとおり定められましたから，出頭してください。

記

期　　日　　令和○○年○月○○日（　）　　午前○○時○○分
場　　所　　当裁判所　調停室

（注意事項）

　やむを得ない場合を除き，必ず本人が出頭してください。

　正当な理由なく出頭しない場合は，５万円以下の過料に処せられることがあります。

　病気その他やむを得ない事情で期日に出頭できない場合や，弁護士，司法書士以外の人（例えば親族や担当社員など）を代理人にしたい場合は，当裁判所にお問い合わせください。

　この事件に関係があると思われる書類等をお持ちでしたら，当日持参してください。

　実情に沿った紛争解決ができるように，調停期日では，事件の実情やあなたの言い分を十分お聴きします。

【説明書】

調停手続について

　このたび，申立人から，あなたを相手方として裁判所に調停が申し立てられ，同封の調停期日呼出状記載の日時に調停が行われることとなりました。申立ての具体的な内容は，同封の調停申立書記載のとおりです。

　そこで，参考までに調停手続の概略を説明します。

　調停は，裁判官1名と民間から選ばれた調停委員2名以上で構成する調停委員会が，申立人とあなたの間に立って，トラブルの実情や言い分を十分に聴き，もっとも適当な解決方法を考えて示した上，双方に譲り合いを促し，実情に則した適切な解決を図ろうとする手続です。関係者の間だけで手続が進められますから，その内容が外部に漏れることもありません。また，問題の解決に当たり，必要があれば事実の調査が行われますが，裁判のように勝ち負けを決めるものではありません。ただし，話し合いがまとまって調停が「成立」した場合は，その内容は判決と同じ効力を持つことになります。

　調停は，このようにして問題の解決を図る手続ですから，あなたも調停期日にご出席のうえ，実情や言い分を述べていただき，問題の解決にご協力いただけるようお願いします。

　なお，調停期日にやむを得ない事情で出席できない場合でも，弁護士若しくは代理人資格を有する司法書士または事情をよくご存じの方が，あなたの代理人として調停に出席することが可能です。ただし，弁護士及び代理人資格を有する司法書士以外の方（ご家族や従業員等）が出席する場合には，前もって申請しておく必要があります。申請方法については，裁判所までお問い合わせください。

　その他，不明な点等有りましたら，下記係の裁判所書記官にお問い合わせください。

（問い合わせ先）

　　○○簡易裁判所　民事調停係

　　　〒○○○ - ○○○○

　　　　東京都○○区○○町○丁目○番○号

　　　電話番号　　　　○○ - ○○○ - ○○○○

　　　ファクシミリ番号　○○ - ○○○ - ○○○○

(4)　期日の変更

　　期日の変更とは，調停期日の開始前にその期日の指定を取り消し，新たな期日を指定することである。

　　調停期日の変更については，民調法22条により非訟法34条3項が準用される。

　非訟事件の手続の期日の変更は，顕著な事由がある場合に限り，することができる。　　　　　　　　　　　　　　　　　　　　　　　（非訟法34条3項）

　　安易な期日の変更は，調停による紛争の解決を遅らせることとなるため，調停期日の変更について，顕著な事由という厳格な要件が求められることになる。

　　期日変更を当事者全員が了承していることは，顕著な事由の存否を判断する考慮要素となる。

(5)　期日の延期

　　期日の延期とは，調停期日を開始したが調停をしないでその期日を終了して次回期日を指定することである。

4　調停の場所

(1)　調停室における調停

　　調停期日は，原則として，裁判所庁舎内の調停室において行われる。

　　当事者の控室は，申立人用と相手方用が，それぞれ別の箇所に設けられている。

(2)　現地調停

　調停委員会は，事件の実情を考慮して，裁判所外の適当な場所で調停を行うことができる。　　　　　　　　　　　　　　　　　　　　　　（民調法12条の4）

　　民調法12条の4は，**現地調停**をなしうることを定めた規定である。

　　現地調停は，紛争の目的物件を見分して調停をする必要がある場合や，当事者が高齢や長期疾病のため裁判所に出頭することが困難な場合に行われる。

(3)　電話会議による調停

　　ア　非訟法の準用

　　　　電話会議又はテレビ会議による調停期日の実施について，民調法22条により非訟法47条が準用される。

　　　裁判所は，当事者が遠隔の地に居住しているときその他相当と認めるとき
は，当事者の意見を聴いて，最高裁判所規則で定めるところにより，裁判所及
び当事者双方が音声の送受信により同時に通話をすることができる方法によっ
て，非訟事件の手続の期日における手続（証拠調べを除く。）を行うことがで
きる。　　　　　　　　　　　　　　　　　　　　　　　　（非訟法47条1項）
　　　非訟事件の手続の期日に出頭しないで前項の手続に関与した者は，その期日
に出頭したものとみなす。　　　　　　　　　　　　　　　　　（同条2項）

　　　　　当事者が遠隔の地に居住しているような場合には，電話会議システム又
　　　はテレビ会議システムを用いて調停期日における手続を行うことができ
　　　る。
　　　　　当事者の意見は聴取すればよいのであって，当事者の同意までは不要で
　　　ある。
　　イ　非訟規則の準用
　　　　　電話会議等による調停期日を行う場合は，民調規則24条により非訟規則
　　　42条が準用される。
　　（ア）通話者及び通話先の場所の確認

　裁判所及び当事者双方が音声の送受信により同時に通話をすることができる
方法によって非訟事件の手続の期日における手続（証拠調べを除く。）を行う
ときは，裁判所又は受命裁判官は，通話者及び通話先の場所の確認をしなけれ
ばならない。　　　　　　　　　　　　　　　　　　　　（非訟規則42条1項）

　　（イ）電話会議等の方法による調停事件の手続の記録化

　前項の手続を行ったときは，その旨及び通話先の電話番号を非訟事件の記録
上明らかにしなければならない。この場合においては，通話先の電話番号に加
えてその場所を明らかにすることができる。　　　　　　　　　　（同条2項）

5　期日外の準備

(1)　調停に関与する者の準備

　調停に関与する者は，調停が適正かつ迅速に行われるように，調停手続の期
日外において十分な準備をしなければならない。　　　　　　　（民調規則9条）

　　　　　調停に関与する者とは，調停委員会を構成する調停主任や調停委員，裁判
　　　所書記官，申立人，相手方，代理人，参加人等，広く調停手続に関与する者

を含む。

　調停期日において，調停委員会が的確かつ十分に紛争の実情を把握し，そ
れによって紛争を適正かつ迅速に解決できるように，当事者等は主張を整理
し証拠を提出するなどの準備をしなければならない。

(2)　書類の送付

　書類の送付については，民調規則24条により非訟規則36条が準用される。

ア　送付の方法

> 　直送その他の送付は，送付すべき書類の写しの交付又はその書類のファクシ
> ミリを利用しての送信によってする。　　　　　　　　　　（非訟規則36条1項）

イ　裁判所の送付事務の取扱者

> 　裁判所が当事者等その他の関係人に対し送付すべき書類の送付に関する事務
> は，裁判所書記官が取り扱う。　　　　　　　　　　　　　　　　（同条2項）

ウ　受領書面の提出及び直送

> 　当事者等から前項の書類又は裁判所が当事者等に対し送付すべき書類の直送
> を受けた他の当事者等は，当該書類を受領した旨を記載した書面について直送
> をするとともに，当該書面を裁判所に提出しなければならない。ただし，同項
> の書類又は裁判所が当事者等に対し送付すべき書類の直送をした当事者等が，
> 受領した旨を他の当事者等が記載した当該書類を裁判所に提出したときは，こ
> の限りでない。　　　　　　　　　　　　　　　　　　　　　　　（同条5項）

6　調停資料の収集

(1)　事実の調査及び証拠調べ

ア　民事調停における資料の収集

　民事訴訟のような弁論主義（裁判の基礎となる事実と証拠の収集・提出
を当事者の権限及び責任とする原則）を採用しない民事調停において，調
停の解決案の策定に必要な調停資料の収集については，次のような規律が
定められている。

> 　調停委員会は，職権で事実の調査をし，かつ，申立てにより又は職権で，必
> 要と認める証拠調べをすることができる。　　　　　　　（民調法12条の7第1項）

　民調法12条の7第1項は，次に述べる非訟法49条1項（事実の調査及び
証拠調べ等）についての「特別の定め」である。

　　　民事調停においては，非訟事件手続とは異なり，職権による事実の調査
　　や証拠調べを義務的なものとはしていないことから，非訟事件手続と比較
　　すると，ゆるやかな職権探知主義を採用しているといえるだろう。
　　　職権探知主義をとっていても，民事調停においては，当事者がすすんで
　　資料を提出することが望ましいからである。（後記非訟法49条2項参照）
　イ　非訟事件における資料の収集
　　　非訟法49条1項（前述のとおり民事調停には準用されない。）は，非訟
　　事件手続においては原則として**職権探知主義**（事実の確定に必要な資料の
　　探索を裁判所の職責とする原則，前記35頁）を採用することを明らかに
　　し，職権による事実の調査や証拠調べを義務的なものとしている。

> 　裁判所は，職権で事実の調査をし，かつ，申立てにより又は職権で，必要と
> 認める証拠調べをしなければならない。　　　　　　　　　（非訟法49条1項）

　　　事実の調査の通知に関する非訟法52条についても，民事調停には準用さ
　　れない。（民調法22条で準用を除外している。前記36頁）
　ウ　当事者の協力
　　　事実の調査及び証拠調べへの当事者の協力については，民調法22条によ
　　り非訟法49条2項が準用される。

> 　当事者は，適切かつ迅速な審理及び裁判の実現のため，事実の調査及び証拠
> 調べに協力するものとする。　　　　　　　　　　　　　　　　（同条2項）

(2)　事実の調査
　ア　事実の調査の意義
　　　事実の調査とは，調停委員会が，特別の方式によらず，強制力を用いな
　　いで，調停をする上で必要な資料を収集することをいう。
　　　具体的には，関係者からの事情聴取，書類の閲読，不動産その他の物の
　　状況の見分（**現地見分**），専門家からの意見聴取等がある。
　イ　事実の調査の主体
　　㋐　調停委員会による事実の調査
　　　　事実の調査は，原則として，調停委員会が自ら行う。
　　㋑　調停主任による事実の調査

> 　調停委員会は，調停主任に事実の調査又は証拠調べをさせることができる。
> 　　　　　　　　　　　　　　　　　　　　　　　　　（民調法12条の7第2項）

　　　　㈦　民事調停委員による事実の調査

> 　調停委員会は，相当であると認めるときは，当該調停委員会を組織する民事
> 調停委員に事実の調査をさせることができる。　　　　　（民調規則13条1項）

　　　　　無方式で行うことのできる事実の調査は，できる限り多くの資料を必
　　　要に応じて収集し，実情に即した紛争の解決に資することが求められる
　　　から，その趣旨からすれば，できる限り事実の調査の方式を多様化した
　　　上，事案に即して最も適切な方法を選ぶことができるようにしておくこ
　　　とが望ましいと考えられる。そこで，本条1項は，民事調停委員の有す
　　　る専門的知識や経験等に着目して，民事調停委員による簡易な事実の調
　　　査の方法を認めたものである。（条解非訟規則316頁）
　　　　「相当であると認めるとき」とは，調停委員会が，当該調査対象の内容
　　　や性質と，当該調停委員会を構成する民事調停委員の専門的知識経験の
　　　内容や程度等の双方から考えて，調停委員会自らが担当するよりも調停
　　　委員に担当させた方が，調停の迅速性，簡易性等から見て適当であると
　　　認めるときをいう。例えば，専門家調停委員である建築士に紛争の対象
　　　になっている建物建築の瑕疵の状況を調査させたり，不動産鑑定士に，
　　　地代値上紛争の対象土地を現地に臨んで検分させ，適正賃料算定の基礎
　　　事実を調査させたりする場合などが考えられる。（条解非訟規則316頁）

　　　　㈤　裁判所書記官による事実の調査

> 　調停主任は，調停委員会の決議により，裁判所書記官に事実の調査をさせる
> ことができる。　　　　　　　　　　　　　　　　　　　　　（同条2項）

　　　　　裁判所書記官による事実の調査の範囲には，制限がない。当事者や利
　　　害関係人の言い分についての電話等による調査などが考えられる。

　　ウ　事実の調査等の費用
　　　㈦　当事者負担の原則
　　　　　事実の調査及び証拠調べの費用については，民調法22条により非訟法
　　　26条1項（後記151頁，〔参考〕昭27・2・4会甲99号経理・民事局長通
　　　知「民事調停に関する費用の取扱について」）が準用され，原則として
　　　当事者の負担となる。

　　　㈤　国庫による立替え
　　　　　民事調停に必要な事実の調査等の費用は，民調法22条により非訟法27
　　　条が準用される。当事者負担が原則であることを前提として，国庫にお

いて立て替えることができる。

> 事実の調査，証拠調べ，呼出し，告知その他の非訟事件の手続に必要な行為に要する費用は，国庫において立て替えることができる。　　　（非訟法27条）

(3)　証拠調べ

　ア　証拠調べの意義

　　証拠調べとは，非訟事件手続法（民事訴訟法を準用，後記ウ）に定める方式に従ってなされる強制的な証拠収集の手続であって，書証の取調べ，検証，証人尋問，鑑定人尋問及び当事者本人尋問をいう。

　　民事調停における証拠調べは，紛争の「実情に即した解決」（民調法1条，前記32頁）のための資料を収集することに重点があるので，民事訴訟におけるような**立証責任の分配**（事実についてどちらの当事者が立証責任を負うかの定め）の適用はない。

　イ　証拠調べの採否

　　調停委員会の行う証拠調べの採否については，調停委員会の広い裁量に委ねられている。

　　民事調停では，調停資料の収集は，これまで事実の調査によって行うことが多く，証拠調べとして行われることは稀であった。平成25年からは，法改正により，当事者の「申立てにより証拠調べをすることができる」（民調法12条の7第1項，前記107頁）という規律が加わったため，当事者の一方又は双方が証拠調べを希望する場合には，調停委員会として，証拠調べの活用を積極的に検討すべきであろう。

　ウ　非訟法，非訟規則の準用

　　(ア)　非訟法の準用

　　　民事調停における証拠調べについては，民調法22条により非訟法53条が準用される。

> 非訟事件の手続における証拠調べについては，民事訴訟法第二編第四章第一節から第六節までの規定（同法第179条，第182条，第187条から第189条まで，第207条第2項，第208条，第224条（同法第229条第2項及び第232条第1項において準用する場合を含む。）及び第229条第4項の規定を除く。）を準用する。
> 　　　　　　　　　　　　　　　　　　　　　　　　　（非訟法53条1項）

　　　民訴法179条（証明することを要しない事実）を準用しないのは，非訟事件の手続においては，基本的には当事者の証明責任や自白といった

概念がないことから，準用しないものとしている。（逐条非訟法201頁）

　　前述（107頁）のとおり，民事調停においては，民事訴訟のような弁論主義は採用されていない。

　(イ)　非訟規則の準用

　　　民事調停における証拠調べについては，民調規則24条により非訟規則45条が準用される。

　非訟事件の手続における証拠調べについては，民事訴訟規則第二編第三章第一節から第六節までの規定（同規則第99条第2項，第100条，第101条，第121条及び第139条の規定を除く。）を準用する。この場合において，これらの規定中「直送」とあるのは「非訟事件手続規則第36条第1項の直送」と，同規則第129条の2中「口頭弁論若しくは弁論準備手続の期日又は進行協議期日」とあるのは「非訟事件の手続の期日」と，同規則第140条第3項中「第99条（証拠の申出）第2項」とあるのは「非訟事件手続規則第45条第3項」と読み替えるものとする。　　　　　　　　　　　　　　　　（非訟規則45条1項）

　　　非訟規則45条1項では，証拠調べに関する民訴規則の規定が包括的に準用されている。

　エ　当事者の不出頭と勾引

　法第53条第5項の規定により出頭を命じられた当事者が正当な理由なく出頭しない場合には，民事訴訟規則第111条の規定は，前項において準用する同規則第127条ただし書の規定にかかわらず，当該当事者の勾引について準用する。
　　　　　　　　　　　　　　　　　　　　　　　　　　　　（同条2項）

　(ア)　勾引の意義

　　　勾引とは，裁判所が当事者等を一定の場所に引致する裁判及びその執行をいう。

　(イ)　当事者本人の勾引

　　　非訟規則45条2項は，出頭命令を受けながら当事者尋問の期日に正当な理由なく出頭しない当事者本人の勾引について，民訴規則111条（勾引）の規定を準用する。

　　　訴訟手続では，当事者本人を勾引をすることができない（証人の勾引については民訴法194条の規定がある。）が，調停手続においては，当事者本人も勾引することができる。これは，調停手続における事案の解明のためには，証人尋問と同程度に当事者本人尋問の実効性を確保してお

く必要性があるからである。

オ　証拠申出書の直送

> 当事者等が第1項において準用する民事訴訟規則第99条第1項の証拠の申出を記載した書面を裁判所に提出する場合には，当該書面について直送をしなければならない。　　　　　　　　　　　　　　　　（同条3項）

カ　即時抗告に伴う執行停止

> 前項において準用する民事訴訟法の規定による即時抗告は，執行停止の効力を有する。　　　　　　　　　　　　　　　　（非訟法53条2項）

キ　裁判所外における証拠調べ

裁判所外における証拠調べについては，民調法22条が準用する非訟法53条1項が更に準用する民訴法185条1項により認められる。

> 裁判所は，相当と認めるときは，裁判所外において証拠調べをすることができる。この場合においては，合議体の構成員に命じ，又は地方裁判所若しくは簡易裁判所に嘱託して証拠調べをさせることができる。　（民訴法185条1項）

ク　調停における証明度

調停における事実認定（後記7，116頁）は，事実の調査及び証拠調べの結果と**調停の全趣旨**（証拠以外の両当事者の主張等）に基づいてなされる。

民事調停において事実認定が必要なのは，当事者の合意形成に対する説得機能を高めるためであるから，民事訴訟の判決の基礎となる事実認定（民訴法253条）と同一ではないが，民事調停における事実認定の説明のために，民事訴訟における証明度の考え方を用いることにする。

(ア)　証明度の意義

証明度とは，裁判所（調停では調停委員会）が，どの程度まで証明がなされていれば当事者が主張している事実が存在するものとして扱ってよいか，という程度のことをいう。

(イ)　民事訴訟における証明度

民事訴訟における証明度としては，高度の蓋然性を必要とするとするのが，判例・通説である。

「訴訟上の因果関係の立証は，一点の疑義も許されない自然科学的証明ではなく，経験則に照らして全証拠を総合検討し，特定の事実が特定の

結果発生を招来した関係を是認しうる高度の蓋然性を証明することであり，その判定は，通常人が疑を差し挟まない程度に真実性の確信を持ちうるものであることを必要とし，かつ，それで足りるものである。」（最2小判昭50・10・24民集29巻9号1417頁，判時792号3頁，判タ328号132頁）

　この確立した判例理論は，その後の判例においても確認されている。「訴訟上の因果関係の立証は，一点の疑義も許されない自然科学的証明ではないが，経験則に照らして全証拠を総合検討し，特定の事実が特定の結果発生を招来した関係を是認し得る高度の蓋然性を証明することであり，その判定は，通常人が疑いを差し挟まない程度に真実性の確信を持ち得るものであることを必要とすると解すべきである。」（最3小判平12・7・18裁判集民198号529頁，判時1724号29頁，判タ1041号141頁）

(ウ)　民事調停における証明度

　民事訴訟は，判決により強制的に紛争を解決する手続であるから，判決の基礎となる事実認定（民訴法253条）には高度の蓋然性（確率的には80パーセントと表現されることが多い。）が求められる。

　これに対し，民事調停は，話合いによる合意によって自主的に紛争を解決する手続であって，事実認定は当事者の合意形成に対する説得機能を高めるためのものであるから，民事調停における証明度は，民事訴訟における事実認定の場合と比較して，低いものでよいと考えられる。それは，蓋然性の優越（事実の不存在よりは存在の蓋然性が高いこと）による認定でよいと考えられ，確率的には60パーセント程度と表現することができよう。

(4)　意見の聴取の嘱託

　調停委員会は，地方裁判所又は簡易裁判所に紛争の解決に関する事件の関係人の意見の聴取を嘱託することができる。　　　　　（民調規則14条）

(5)　嘱託に係る事実の調査等の民事調停委員等による実施

　ア　嘱託に係る事実の調査

　法第22条において準用する非訟事件手続法第51条第1項又は第2項の規定による嘱託を受けた裁判所は，相当であると認めるときは，民事調停委員又は裁判所書記官に当該嘱託に係る事実の調査をさせることができる。

　　　　　　　　　　　　　　　　　　　　　　（民調規則15条1項）

　　「相当であると認めるとき」とは，受託裁判所の裁判官が担当するより
　も，調停委員の専門的知識経験等や裁判所書記官の機動性を活用した方
　が，当該嘱託事項の調査にとって妥当であると認めるときをいうことにな
　る。受託裁判所は，事実の調査の嘱託を受けた場合において，当該嘱託事
　項の内容・性質・調査の難易性，民事調停委員の専門的知識経験の内容・
　程度等を総合的に考慮して，これを裁判官自らが担当するか，それとも民
　事調停委員又は裁判所書記官に担当させるかを決することになる。（条解
　非訟規則318頁）
　　イ　嘱託に係る意見の聴取

> 　前条の規定による嘱託を受けた裁判所は，相当であると認めるときは，民事
> 調停委員に当該嘱託に係る意見の聴取をさせることができる。　　（同条2項）

　(6)　調査の嘱託
　　ア　調査の嘱託

> 　調停委員会は，必要な調査を官庁，公署その他適当であると認める者に嘱託
> することができる。　　　　　　　　　　　　　　　　　　　（民調規則16条）

　　　嘱託先は，個人，法人，公的機関，私人の別を問わない。
　　イ　事実の調査についての非訟法の準用
　　　事実の調査の嘱託については，民調法22条により非訟法51条が準用され
　　る。
　　　(ｱ)　事実の調査の嘱託

> 　裁判所は，他の地方裁判所又は簡易裁判所に事実の調査を嘱託することがで
> きる。　　　　　　　　　　　　　　　　　　　　　　　　（非訟法51条1項）

　　　(ｲ)　事実の調査の転嘱

> 　前項の規定による嘱託により職務を行う受託裁判官は，他の地方裁判所又は
> 簡易裁判所において事実の調査をすることを相当と認めるときは，更に事実の
> 調査の嘱託をすることができる。　　　　　　　　　　　　　　（同条2項）

　(7)　調停委員会の嘱託の手続

> 　調停委員会がする嘱託の手続は，裁判所書記官がする。　　（民調規則17条）

　(8)　専門家調停委員からの意見聴取

> 　調停委員会は，必要があると認めるときは，当該調停委員会を組織していない民事調停委員の専門的な知識経験に基づく意見を聴取することができる。
>
> （民調規則18条1項）
>
> 　調停委員会が前項の規定により意見を聴取することとしたときは，裁判所は，意見を述べるべき民事調停委員を指定する。　　　　　（同条2項）
>
> 　前項の規定による指定を受けた民事調停委員は，調停委員会に出席して意見を述べるものとする。　　　　　　　　　　　　　　　　　（同条3項）

(9)　専門委員からの意見聴取

　ア　専門委員の制度の導入

　　　訴訟事件については，平成15年の民訴法改正により，**専門委員**の制度が設けられた。非訟事件についても，医療等の専門的知見が必要となる事件があるため，平成23年の非訟法改正により，専門委員の制度が導入されている。

　イ　民事調停における専門委員からの意見聴取

　　(ア)　非訟法の準用

　　　　民事調停における専門委員からの意見聴取については，民調法22条により非訟法33条が準用される。

> 　裁判所は，的確かつ円滑な審理の実現のため，又は和解を試みるに当たり，必要があると認めるときは，当事者の意見を聴いて，専門的な知見に基づく意見を聴くために専門委員を非訟事件の手続に関与させることができる。この場合において，専門委員の意見は，裁判長が書面により又は当事者が立ち会うことができる非訟事件の手続の期日において口頭で述べさせなければならない。
>
> （非訟法33条1項）

　　(イ)　専門委員の期日の立会い

> 　裁判所は，必要があると認めるときは，専門委員を非訟事件の手続の期日に立ち会わせることができる。この場合において，裁判長は，専門委員が当事者，証人，鑑定人その他非訟事件の手続の期日に出頭した者に対し直接に問いを発することを許すことができる。　　　　　　　　　　　　　　（同条3項）

　　(ウ)　電話会議システム等の活用

裁判所は，専門委員が遠隔の地に居住しているときその他相当と認めるときは，当事者の意見を聴いて，最高裁判所規則で定めるところにより，裁判所及び当事者双方が専門委員との間で音声の送受信により同時に通話をすることができる方法によって，専門委員に第1項の意見を述べさせることができる。この場合において，裁判長は，専門委員が当事者，証人，鑑定人その他非訟事件の手続の期日に出頭した者に対し直接に問いを発することを許すことができる。　　　　　　　　　　　　　　　　　　　　　　　　　　　　（同条4項）

7　調停における事実認定

事実認定とは，過去に生起した事実の存否を，一定の資料によって認定することである。

調停における事実認定とは，調停委員会が，事実の調査及び証拠調べの結果と調停の全趣旨（前記112頁）に基づいて，調停の解決案の策定に必要な事実の存否を認定することである。

調停における事実認定は，「条理にかない実情に即した解決」（民調法1条，前記32頁）の前提となる。

(1)　民事訴訟における事実認定

民事訴訟では，資料の収集について弁論主義（前記107頁）がとられており，事実の証明については当事者に主張立証責任（事実の主張や立証をしないために受ける不利益）が課せられているため，裁判所は，主張立証責任の分配原則と自由心証主義（民訴法247条）に基づいて事実を認定する。

裁判所は，判決をするに当たり，口頭弁論の全趣旨及び証拠調べの結果をしん酌して，自由な心証により，事実についての主張を真実と認めるべきか否かを判断する。　　　　　　　　　　　　　　　　　　　　　　　（民訴法247条）

(2)　民事調停における事実認定

民事調停では，資料の収集について民事訴訟のような弁論主義はとられていないため，主張立証責任の分配原則は作用せず，調停委員会は，職権探知主義（民調法12条の7第1項，前記107頁）によって得られた資料により自由心証主義に基いて事実を認定する。

なお，当事者間に争いのない事実は，調停の解決案の策定にあたって前提としてよいだけであって，民事訴訟の弁論主義の適用のように，自白の拘束力（自白された事実はそのまま判決の資料としなければならないこと，弁論主義の第2テーゼ）が認められるわけではない。

(3)　事実認定のまとめ

	資料の収集	主張立証責任	事実の認定
民事訴訟	弁論主義	有	自由心証主義 （民訴法247条）
民事調停	職権探知主義	無	自由心証主義

(4)　処分証書と報告文書による事実認定

　ア　処分証書

　　　処分証書とは，意思表示その他の法律行為が記載されている文書である。

　　　処分証書の例としては，行政処分書，判決書，手形，小切手，契約書，解約通知書，遺言書などがある。

　　　処分証書については，**文書の真正**（作成者の意思に基づいて作成されたこと）が認められれば，特段の事情のない限り，作成者によって記載内容どおりの法律行為がなされたものと認定することができる。

　イ　報告文書

　　　報告文書とは，作成者の見聞，判断，感想，記憶等が記載されている文書である。

　　　報告文書の例としては，登記簿，戸籍簿，調書，受領書，領収書，商業帳簿，日記，診断書，手紙，陳述書などがある。

　　　報告文書では，事実の証明に役立つ度合いが強いものと弱いものがあるため，事実認定においては，個別の検討が必要である。

8　調停委員会の決議と評議

(1)　調停委員会の決議

　　調停委員会の決議とは，合議体としての調停委員会が意思決定を行う方法である。

> 調停委員会の決議は，過半数の意見による。可否同数のときは，調停主任の決するところによる。　　　　　　　　　　　　　　　　　（民調規則19条）

　　調停委員会の決議は，構成員全員（調停主任1人と民事調停委員2人以上）の過半数によってなされる。

(2)　調停委員会の評議

　ア　調停委員会の評議

　　　調停委員会の評議とは，合議体である調停委員会の事実認定についての認識を一致させたり，手続進行の方針を決めたり，調停案を決定するため

に，構成員が意見交換をすることをいう。

　イ　評議の秘密

調停委員会の評議は，秘密とする。　　　　　　　　　　　（民調規則20条）

　　調停委員会の各構成員が，調停事件の処理に関して率直に意見を述べ合い，十分に評議を尽くすことができるよう，調停委員会の評議は秘密とされている。

(3)　評議の秘密を漏らす罪

　民事調停委員又は民事調停委員であった者が正当な事由がなく評議の経過又は調停主任若しくは民事調停委員の意見若しくはその多少の数を漏らしたときは，30万円以下の罰金に処する。　　　　　　　　　　　　（民調法37条）

　　評議の秘密を保障するために，民事調停委員又は民事調停委員であった者が正当な事由がないのに評議の経過又は内容を外部に漏らしたときは，刑罰の対象となる。

9　調書の作成

(1)　期日調書の作成

　裁判所書記官は，調停手続の期日について，調書を作成しなければならない。ただし，調停主任においてその必要がないと認めるときは，この限りでない。　　　　　　　　　　　　　　　　　　　　　（民調法12条の５）

　　民調法12条の５は，非訟法31条（調書の作成等）についての「特別の定め」として，調停手続の期日の調書について定めている。

　ア　期日調書の意義

　　期日調書とは，調停事件の手続を期日で行った場合に，裁判所書記官が作成する調書である。

　イ　期日調書の作成

　　期日調書が作成されるのは，調停の手続が適正に行われることを担保し，その経過と内容を明らかにするためである。

　　実務では，調停成立（民調法16条）や調停不成立（同14条），現地調査等の事実の調査や証拠調べ等の重要な手続が行われた場合に期日調書が作成され，それ以外の調停期日については，期日調書の作成を省略して，期日経過表を作成している取扱いが多い。（後記(4)ア，120頁）

(2)　期日調書の形式的記載事項

　　民調規則11条は，非訟規則19条（期日調書の形式的記載事項）についての「特別の定め」である。
　ア　期日調書の形式的記載事項

　法第12条の5の調書（次項及び次条において「期日調書」という。）には，次に掲げる事項を記載しなければならない。
一　事件の表示
二　調停主任又は民事調停官，民事調停委員及び裁判所書記官の氏名
三　出頭した当事者，参加人，代理人，補佐人，通訳人及びその他の関係人の氏名
四　期日の日時及び場所　　　　　　　　　　　　　　（民調規則11条1項）

　イ　裁判所書記官の記名押印等

　期日調書には，裁判所書記官が記名押印し，調停主任が認印しなければならない。　　　　　　　　　　　　　　　　　　　　　　　　　　　（同条2項）
　前項の場合において，調停主任に支障があるときは，裁判所書記官がその旨を記載すれば足りる。　　　　　　　　　　　　　　　　　　　（同条3項）

---

(3)　期日調書の実質的記載事項

　期日調書には，手続の要領を記載し，特に，次に掲げる事項を明確にしなければならない。
一　申立ての趣旨又は紛争の要点の変更，申立ての取下げ及び法第16条の合意
二　法第13条又は第14条の規定による事件の終了
三　証拠調べの概要
四　調停主任が記載を命じた事項及び当事者の請求により記載を許した事項
五　書面を作成しないでした裁判　　　　　　　　　　（民調規則12条）

　　民調規則12条は，非訟規則20条（期日調書の実質的記載事項）についての「特別の定め」である。
　　証拠調べの概要とは，証拠調べの結果をごく概括的に記載したものをいい，労審規25条6号と同趣旨である。期日調書に証拠調べの概要を記載する場合，証拠関係の目録や証人調書等を作成する必要はなく，手続の要領欄に簡潔に記載すればよい。この場合，取り調べた全ての証拠を記載する必要はなく，調停主任が必要と認めた範囲で記載すれば足りると解される。（条解非訟規則313頁）

(4)　期日経過表

ア　期日経過表の性質

期日経過表（調停事件経過表）は，調停委員会が調停事件の経過を把握するためのメモであり，期日調書ではない。したがって，記録の閲覧，謄写等（民調法12条の6，後記10）の対象となる調停記録には含まれない。

前述（(1)イ，118頁）のとおり，実務では，調停成立や調停不成立，事実の調査や証拠調べ等の重要な手続が行われた場合に期日調書を作成し，それ以外の調停期日については，期日調書の作成を省略して，期日経過表を作成している取扱いが多い。

イ　期日経過表の記載事項

期日経過表には，事件の表示，期日の日時，出頭した当事者等，その期日に行われた経過の要旨（続行理由），次回期日の日時及び予定等が記載されている。

ウ　期日経過表の作成者

期日経過表は期日調書ではないため，法定された作成者はなく，実務では，裁判所書記官又は民事調停委員が作成している。

期日経過表の確認欄に，裁判所書記官（及び調停主任裁判官）がチェックしたり，押印したりする取扱いもある。

10　記録の閲覧等

> 当事者又は利害関係を疎明した第三者は，裁判所書記官に対し，調停事件の記録の閲覧若しくは謄写，その正本，謄本若しくは抄本の交付又は調停事件に関する証明書の交付を請求することができる。　　　（民調法12条の6第1項）

民調法12条の6は，非訟法32条（記録の閲覧等）についての「特別の定め」である。

(1)　調停事件記録

調停事件記録とは，特定の調停事件に関して，調停委員会，裁判所書記官等が作成し，又は当事者その他の事件関係人が提出した一切の書類を編綴した簿冊をいう。

調停事件記録は，裁判所書記官がその作成及び保管を扱っている。

> 裁判所書記官は，裁判所の事件に関する記録その他の書類の作成及び保管その他他の法律において定める事務を掌る。　　　（裁判所法60条2項）

(2)　利害関係の疎明

第三者の利害関係は，法律上又は事実上の利害関係である。

疎明については，民調法22条により非訟法50条が準用される。

> 疎明は，即時に取り調べることができる資料によってしなければならない。
> （非訟法50条）

(3)　調停事件に関する証明書

調停事件に関する証明書とは，調停不成立等証明書や調停終了証明書である。

(4)　閲覧，謄写等の手数料

事件の係属中に当事者等が記録の閲覧又は謄写等を請求する場合を除き，所定の手数料（閲覧，謄写又は証明書の交付は1件につき150円，正本，謄本又は抄本の交付は用紙1枚につき150円）を納めなければならない。

> 別表第二の上欄に掲げる事項の手数料は，同表の下欄に掲げる額とする。
> （民訴費用法7条）
> 一　事件の記録の閲覧，謄写又は複製（事件の係属中に当事者等が請求するものを除く。）　　1件につき150円
> 二　事件の記録の正本，謄本又は抄本の交付　　用紙1枚につき150円
> 三　事件に関する事項の証明書の交付　　1件につき150円
> （別表第二，第7条関係）

(5)　民訴法の準用

> 民事訴訟法（平成8年法律第109号）第91条第4項及び第5項の規定は，前項の記録について準用する。　　（民調法12条の6第2項）

ア　録音テープ等の複写

> 前項の規定は，訴訟記録中の録音テープ又はビデオテープ（これらに準ずる方法により一定の事項を記録した物を含む。）に関しては，適用しない。この場合において，これらの物について当事者又は利害関係を疎明した第三者の請求があるときは，裁判所書記官は，その複製を許さなければならない。
> （民訴法91条4項）

調停記録中の録音テープ又はビデオテープ等については，文書ではないため，謄写や正本等の交付が困難であることから，それに代えて，当事者等は，請求により複写ができることとされている。

イ　閲覧等の請求の制限

> 訴訟記録の閲覧，謄写及び複製の請求は，訴訟記録の保存又は裁判所の執務に支障があるときは，することができない。　　　　　　　　（同条 5 項）

裁判所の執務に支障があるときとは，調停記録を調停委員会の評議に使用している場合等である。

調停記録の保存又は裁判所の執務に支障があるかどうかは，裁判所書記官が判断する。

調停記録の閲覧，謄写申請書の用紙は，裁判所の窓口に備え付けられている。

(6)　記録閲覧等申請の拒絶に対する不服申立て

裁判所書記官が記録閲覧等の申請を拒絶した処分に対しては，異議の申立てをすることができ，異議についての裁判に対しては，即時抗告をすることができる。（民調法22条による非訟法39条の準用）

ア　裁判所書記官の処分に対する異議の申立てについての裁判

> 裁判所書記官の処分に対する異議の申立てについては，その裁判所書記官の所属する裁判所が裁判をする。　　　　　　　　　（非訟法39条 1 項）

イ　異議の申立てについての裁判に対する即時抗告

> 前項の裁判に対しては，即時抗告をすることができる。　　　（同条 2 項）

第 7　調停の進め方

1　調停主任裁判官の出席

調停期日は，実務においては，複数の調停事件が同一時刻に指定されることもあるため，調停主任裁判官が全ての調停期日に出席することができないことがある。

(1)　第 1 回調停期日

第 1 回調停期日には，原則として調停主任裁判官も出席して，当事者に対して調停委員を紹介するとともに，調停手続の概要を説明すべきである。

(2)　続行期日

続行期日についても，**法的観点からの整理**が必要な事件や建築等の専門性の高い事件については，調停主任裁判官が出席することによって，調停委員会として共通の事実認識に立つことができる。

2　調停委員会の評議

(1)　第 1 回期日前の**事前評議**

　　第 1 回期日前に法的観点からの整理が必要な事件については，第 1 回調停期日直前に，調停委員会として10分〜15分程度の評議を行うべきである。

　　それ以外の事件についても，第 1 回調停期日直前に，評議を行うことが望ましい。

(2)　**中間評議**

　　調停期日における当事者からの事情聴取により，調停の進行に影響のある新たな事実が判明した場合には，調停期日の途中の時間であっても，調停委員会として評議を行うべきである。

(3)　**事後評議**

　　調停期日における当事者からの事情聴取の結果や事実認定について，調停委員会の認識を共通にする必要がある場合には，調停期日終了直後に，調停委員会として評議を行うべきである。

3　事情聴取の方式

(1)　第 1 回調停期日

　　通常は，まず，申立人だけが呼ばれ，調停委員が紛争の実情を聴取する。紛争の実情は，調停申立書に記載されているが（紛争の要点，81頁），さらに詳しい状況や不明の点などについて聴取する。続いて，相手方だけが呼ばれ，調停委員が紛争の実情に関する言い分を聴取する。その後，対席方式に移行することもある。

(2)　交互面接方式

　　交互面接方式は，当事者から別々に事情聴取を行う方式である。

　　当事者に感情的対立がある調停事件等では，交互面接方式がとられる。

(3)　対席方式

　　対席方式は，双方当事者同席のもとで事情聴取を行う方式である。

　　当事者双方に弁護士等の代理人がついている調停事件については，対席方式で行われることも多い。対席方式は時間を有効に活用でき，また手続の透明性が確保される利点がある。

第8　民事調停における決定と不服申立て

　　民事調停における裁判の方式については，民調法22条により非訟法54条が準用される。

　裁判所は，非訟事件の手続においては，決定で，裁判をする。(非訟法54条)

1　終局決定と終局決定以外の裁判

(1)　終局決定

　　終局決定とは，調停事件の審理を完結する決定であり，訴訟事件の終局判決に相当するものである。

　　調停申立てを却下する決定，調停に代わる決定，調停に代わる決定に対する異議申立ての却下決定がこれに当たる。

(2)　終局決定以外の裁判

　　終局決定以外の裁判とは，終局決定のための手続の派生的事項又は附随的事項についての裁判所の判断である。

　　調停申立書却下命令や移送に関する裁判がこれに当たる。

(3)　非訟法の準用

　ア　終局決定

　　　民事調停における終局決定については，民調法22条により非訟法55条が準用される。

裁判所は，非訟事件が裁判をするのに熟したときは，終局決定をする。

（非訟法55条1項）

　イ　終局決定以外の裁判

　　　民事調停における終局決定以外の裁判については，民調法22条により非訟法62条が準用される。

　　(ア)　終局決定以外の裁判の手続

　終局決定以外の非訟事件に関する裁判については，特別の定めがある場合を除き，第55条から第60条まで（第57条第1項及び第59条第3項を除く。）の規定を準用する。　　　　　　　　　　　　　　（非訟法62条1項）

　　(イ)　手続の指揮に関する裁判

非訟事件の手続の指揮に関する裁判は，いつでも取り消すことができる。

（同条2項）

2　抗告

(1)　抗告の意義

　　抗告とは，判決以外の裁判である決定及び命令に対する上訴方法である。

(2)　抗告の種類

　　不服申立期間の有無によって通常抗告と即時抗告に区別される。

　　抗告申立期間に制限がないのが**通常抗告**であり，一定の抗告期間内に提起

しなければならないとされるのが**即時抗告**である。

3　終局決定に対する即時抗告

　民事調停の終局決定に対する即時抗告については，民調法22条により非訟法66条が準用され，非訟法の規律のみに基づくことになる。

　ただし，非訟法66条が準用されるのは，調停の申立ての却下に対する即時抗告，17条決定についての異議申立ての却下に対する即時抗告に限定される。

　民事調停の終局決定のうち17条決定については，異議の申立てをすることができる（民調法18条1項，後記142頁）からである。

(1)　即時抗告をすることができる裁判

ア　終局決定に対する即時抗告権者

　終局決定により権利又は法律上保護される利益を害された者は，その決定に対し，即時抗告をすることができる。　　　　　　　　　　（非訟法66条1項）

イ　申立てを却下した終局決定に対する即時抗告権者

　申立てを却下した終局決定に対しては，申立人に限り，即時抗告をすることができる。　　　　　　　　　　　　　　　　　　　　　　　　（同条2項）

　　即時抗告権者が申立人に限られるのは，申立てを却下した終局決定において権利又は利益を害される（**即時抗告の利益**を有する）のは，基本的に申立人のみであることによる。

(2)　即時抗告期間

　終局決定に対する即時抗告期間については，民調法22条により非訟法67条が準用される。

ア　即時抗告期間

　終局決定に対する即時抗告は，2週間の不変期間内にしなければならない。ただし，その期間前に提起した即時抗告の効力を妨げない。（非訟法67条1項）

　　本条第1項ただし書は，即時抗告権者は，第2項に定める即時抗告期間の始期以前であっても適法に即時抗告をすることができるものとしているが，終局決定が外部的に成立する前，すなわち，告知を受けるべき者が最初に告知を受けた日より前にされた即時抗告は，その不服の対象が未だ法的に存在していないと考えられるから，不適法な即時抗告として却下されるべきものと解される。（逐条非訟法260頁）

イ　即時抗告期間の起算点

(ア)　終局決定の告知を受ける者である場合

即時抗告の期間は，即時抗告をする者が裁判の告知を受ける者である場合にあっては，裁判の告知を受けた日から進行する。　　　　　　　　（同条2項）

(イ)　終局決定の告知を受ける者でない場合

前項の期間は，即時抗告をする者が裁判の告知を受ける者でない場合にあっては，申立人（職権で開始した事件においては，裁判を受ける者）が裁判の告知を受けた日（2以上あるときは，当該日のうち最も遅い日）から進行する。　　　　　　　　　　　　　　　　　　　　　（同条3項）

(3)　即時抗告の提起の方式

即時抗告の提起の方式については，民調法22条により非訟法68条が準用される。

即時抗告は，抗告状を原裁判所に提出してしなければならない。　　　　　　　　　　　　　　　　　　　　　（非訟法68条1項）

4　終局決定以外の裁判に対する即時抗告

(1)　即時抗告が認められる場合

民事調停の終局決定以外の裁判に対する即時抗告については，非訟法（民調法22条による非訟法79条の準用）に基づくものと，最高裁判所規則（民調法21条）に基づくものがある。

ア　非訟法に基づく即時抗告

終局決定以外の裁判に対しては，特別の定めがある場合に限り，即時抗告をすることができる。　　　　　　　　　　　　　　　　　（非訟法79条）

イ　最高裁規則に基づく即時抗告

調停手続における終局決定以外の決定に対しては，この法律に定めるもののほか，最高裁判所規則で定めるところにより，即時抗告をすることができる。　　　　　　　　　　　　　　　　　　　　　（民調法21条）

(2)　民調法21条の改正

ア　改正前の民調法21条

改正（平成23年法律第53号）前の民調法21条では，「調停手続における裁判に対しては，最高裁判所の定めるところにより，即時抗告をすること

ができる。その期間は，2週間とする。」と定められていた。

そのため，調停申立て却下決定に対する不服申立ての可否については，裁判例が分かれていた。（第4章第2の2(2)，後記129頁）

 イ 改正後の民調法21条

平成23年の法改正により，最高裁判所規則で定める即時抗告の対象が「調停手続における裁判」から「調停手続における終局決定以外の決定」に限定された。

(3) 即時抗告期間

終局決定以外の裁判に対する即時抗告期間については，民調法22条により非訟法81条が準用される。

> 終局決定以外の裁判に対する即時抗告は，1週間の不変期間内にしなければならない。ただし，その期間前に提起した即時抗告の効力を妨げない。
>
>   （非訟法81条）

(4) 終局決定以外の裁判に対する即時抗告が認められる場合

 ア 非訟法に基づく即時抗告

  (ア) 移送についての決定

   （民調法22条，非訟法10条1項，民訴法21条，前記47頁）

  (イ) 手続上の救助についての決定

   （民調法22条，非訟法29条2項，民訴法86条，前記86頁）

  (ウ) 記録閲覧等申請を拒絶した書記官の処分に対する異議の申立てについての裁判（民調法22条，非訟法39条2項，前記122頁）

  (エ) 過料についての決定

   （民調法36条2項，非訟法120条3項，前記66頁）

 イ 最高裁規則に基づく即時抗告

  民事執行手続の停止又は続行の決定

  （民調規則5条5項，前記99頁）

5 不服申立てのまとめ

裁　判	不服申立て	即時抗告期間
終局決定	即時抗告 （非訟法66条）	2週間 （非訟法67条1項）
終局決定 以外の裁判	即時抗告（非訟法79条） 即時抗告（民調法21条）	1週間 （非訟法81条）

第4章　民事調停の終了

第1　民事調停の終了

民事調停の終了の類型は次のとおりである。

令和2年の司法統計年報によると，民事調停の終了事由としては，調停の成立が約29パーセント，調停に代わる決定が約24パーセント，調停の不成立が約31パーセント，取下げが約14パーセント等となっている。

第2　調停の申立ての却下

1　調停の申立ての却下

(1)　調停の申立ての却下の意義

調停の申立ての却下は，調停の申立てが不適法である場合や理由のない場合に，受調停裁判所が，調停の申立てを却下することである。

調停申立て却下決定は，終局決定である。（前記124頁）

(2)　調停申立書の却下と調停申立ての却下

前述のように，申立書の記載事項の不備や手数料の不納付の場合は，調停申立書の却下をすることになる。（非訟法43条5項，87頁）

調停申立書却下命令は，終局決定ではない。（前記124頁）

訴訟事件	非訟事件	調停事件
訴状の却下 （民訴法137条2項）	申立書の却下 （非訟法43条5項）	申立書の却下 （非訟法43条5項の準用）
訴えの却下 （民訴法243条1項）	申立ての却下 （非訟法55条1項）	申立ての却下 （非訟法55条1項の準用）

(3)　調停申立て却下決定の効力発生時期

調停申立て却下決定の効力発生時期については，民調法22条により非訟法56条が準用される。

> 申立てを却下する終局決定は，申立人に告知することによってその効力を生ずる。　　　　　　　　　　　　　　　　　　　　　　（非訟法56条3項）

2　調停申立て却下決定に対する不服申立て

(1)　不服申立ての可否

調停申立て却下決定は，終局決定であるから，現行法においては，民調法22条により非訟法66条が準用され，即時抗告をすることができる。（前記125頁）

(2)　それまでの裁判例

民調法21条の改正（平成23年法律第53号，前記126頁）前は，調停申立て却下決定に対する不服申立てについては，認める裁判例（横浜地決平3・11・13等）と認めない裁判例（大阪地決平16・7・20）に分かれていた。

3　終局決定の確定

(1)　終局決定の確定時期

> 終局決定は，即時抗告の期間の満了前には確定しないものとする。
> 　　　　　　　　　　　　　　　　　　　　　　　　　　　　（同条4項）

(2)　終局決定の確定遮断

> 終局決定の確定は，前項の期間内にした即時抗告の提起により，遮断される。
> 　　　　　　　　　　　　　　　　　　　　　　　　　　　　（同条5項）

第3　調停の申立ての取下げ

> 調停の申立ては，調停事件が終了するまで，その全部又は一部を取り下げることができる。ただし，第17条の決定がされた後にあっては，相手方の同意を得なければ，その効力を生じない。　　　　　　　　　　　　（民調法19条の2）

民調法19条の2は，非訟法63条1項（非訟事件の申立ての取下げ）についての「特別の定め」である。

1　調停の申立ての取下げ

(1)　調停の申立ての取下げの意義

調停の申立ての取下げは，調停の申立人が，調停係属中に，調停の申立てを取り下げることである。

(2) 調停に代わる決定がされた後の取下げ

調停に代わる決定がされた場合には，相手方が決定の内容に従った紛争の解決を期待することがあるため，相手方の同意がなければ，取下げの効力は生じない。

2 付調停と調停の取下げ

受訴裁判所が職権で訴訟事件を調停に付した場合（民調法20条1項，前記89頁）には，基本となる訴訟事件を離れて，本条の規定により調停事件だけを取り下げることはできない。

3 取下げの方式と効果

(1) 非訟法の準用

調停申立ての取下げの方式及び効果については，民調法22条により非訟法63条2項が準用される。

民事訴訟法第261条第3項及び第262条第1項の規定は，前項の規定による申立ての取下げについて準用する。この場合において，同法第261条第3項ただし書中「口頭弁論，弁論準備手続又は和解の期日」とあるのは，「非訟事件の手続の期日」と読み替えるものとする。　　　　　（非訟法63条2項）

---

(2) 民訴法の準用等

調停申立ての取下げの方式及び効果について，非訟法63条2項により民訴法261条3項及び262条1項が準用される。

ア　取下げの方式

訴えの取下げは，書面でしなければならない。ただし，口頭弁論，弁論準備手続又は和解の期日においては，口頭ですることを妨げない。

　　　　　　　　　　　　　　　　　　　　　　　　　　（民訴法261条3項）

調停申立ての取下げは，原則として書面でしなければならないが，調停期日においては，口頭ですることもできる。調停期日において口頭で取下げがなされた場合には，期日調書に記載しなければならない。（民調規則12条1号，前記119頁）

イ　取下げの効果

訴訟は，訴えの取下げがあった部分については，初めから係属していなかったものとみなす。　　　　　　　　　　　　　　　　　　（民訴法262条1項）

調停は，申立ての取下げにより，調停係属が申立てのときに遡って消滅

する（遡及的調停係属消滅効）。

　ウ　手数料の還付

　　　最初にすべき調停の期日の終了前に調停の申立てを取り下げた場合は，一定額の手数料の還付請求をすることができる。

　次の各号に掲げる申立てについてそれぞれ当該各号に定める事由が生じた場合においては，裁判所は，申立てにより，決定で，納められた手数料の額から納めるべき手数料の額の2分の1の額（その額が4千円に満たないときは，4千円）を控除した金額の金銭を還付しなければならない。

二　民事調停法による調停の申立て　却下の裁判の確定又は最初にすべき調停の期日の終了前における取下げ　　　　　　　　（民訴費用法9条3項2号）

4　当事者に対する通知

　(1)　相手方への通知

　調停の申立ての取下げがあったときは，裁判所書記官は，その旨を相手方に通知しなければならない。　　　　　　　　　　（民調規則22条2項）

　　　民調規則22条2項は，非訟規則49条（申立ての取下げがあった場合の取扱い）についての「特別の定め」である。

　(2)　申立人への通知

　法第17条の決定がされた後に調停の申立ての取下げがあった場合において，相手方が申立ての取下げに同意したときは，裁判所書記官は，その旨を申立人に通知しなければならない。　　　　　　　　　　　　　　　（同条3項）

　　　民調規則22条3項も，非訟規則49条についての「特別の定め」である。

5　調停申立ての取下げの擬制

　(1)　非訟法の準用

　　　調停申立ての取下げの擬制については，民調法22条により非訟法64条が準用される。

　ア　申立ての取下げの擬制

　非訟事件の申立人が，連続して2回，呼出しを受けた非訟事件の手続の期日に出頭せず，又は呼出しを受けた非訟事件の手続の期日において陳述をしないで退席をしたときは，裁判所は，申立ての取下げがあったものとみなすことができる。　　　　　　　　　　　　　　　　　　　　（非訟法64条）

イ　取下げ擬制の趣旨

　調停申立ての取下げの擬制（**みなし取下げ**）が導入されたのは，民事調停の申立てをしておきながら調停期日に出頭しないなど，調停手続の追行に不熱心な申立人に対しては，民事調停手続の利用を認める必要はないためである。

ウ　調停委員会の裁量

　調停申立ての取下げがあったものとみなすか否かについては，調停委員会の裁量に委ねられている。

　申立人が連続して2回，調停期日に出頭しなかった場合でも，それが正当な理由によるもので，調停による紛争解決に不熱心と認められないときは，調停申立ての取下げがあったものとみなす必要はなく，調停委員会としては，調停手続を続行することができる。

(2)　当事者等に対する通知

　当事者等に対する通知については，民調規則24条により非訟規則49条4項が準用される。

> 　第1項の規定は，法第64条の規定により申立ての取下げがあったものとみなされた場合について準用する。　　　　　　　　　（非訟規則49条4項）

第4　調停をしない措置
1　調停をしない場合

> 　調停委員会は，事件が性質上調停をするのに適当でないと認めるとき，又は当事者が不当な目的でみだりに調停の申立てをしたと認めるときは，調停をしないものとして，事件を終了させることができる。　　　　　　（民調法13条）

(1)　調停をしない措置（調停の拒否）

　民調法13条は，事件の内容が調停に適せず又は申立てが調停制度の濫用にわたると認められる場合に，調停委員会が**調停をしない措置（調停の拒否）**をすることができることを定めた規定である。

　民調法13条は，裁判官だけで調停を行う場合に準用される。（民調法15条，前記77頁）

(2)　調停の拒否の要件

ア　事件が性質上調停をするのに適当でない場合

　事件の内容自体が公序良俗（民法90条，第6章第3の1(2)ア，後記163頁）や強行法規に違反する場合，権利の行使が法律上義務付けられていて

　　　性質上当事者間に互譲の余地がない場合である。

　　イ　当事者が不当な目的でみだりに調停の申立てをした場合

　　　　調停の申立てが**調停制度の濫用**にわたる場合である。

　　　　例えば，訴訟の引延ばしや強制執行の回避（第3章第4の2(1)，前記95

　　頁）を目的として調停の申立てをした場合である。

　2　当事者に対する通知

　　　調停委員会が調停をしない措置をした場合には，裁判所書記官は，当事者に

　　対し，遅滞なく，その旨を通知しなければならない。

　　法第13条若しくは第14条（これらの規定を法第15条において準用する場合を
　含む。）の規定により事件が終了したとき，又は法第18条第4項の規定により
　決定が効力を失ったときは，裁判所書記官は，当事者に対し，遅滞なく，その
　旨を通知しなければならない。　　　　　　　　　　　　　　（民調規則22条1項）

　3　**調停をしない措置に対する不服申立て**

　　　民調法13条による調停をしない措置は，裁判の性質を有しないから，これに

　　対して不服申立てをすることはできないとするのが裁判例・通説である。

【判例㉖】民事調停法13条前段により事件を終了させる措置は，調停申立てを却下

　　　　する旨の裁判の性質を有せず，不服申立ての対象となる裁判に該当しな

　　　　い。また，同法及び民事調停規則にも右措置について不服申立てを許す規

　　　　定もない。（東京高決昭53・6・1東高民時報29巻6号121頁，判時905号

　　　　71頁，判タ370号98頁）

【判例㉗】民事調停法13条により事件を終了させる旨の措置は，調停申立てを却下

　　　　する旨の裁判の性質を有せず，不服申立ての対象となる裁判に該当しな

　　　　い。また，同法中に右措置について不服申立てを許す規定もない。（東京

　　　　地決平9・8・28判タ971号256頁）

【判例㉘】民事調停法13条により事件を終了させる措置は，同法21条にいう調停手

　　　　続における裁判には該当しないというべきである。同法及び民事調停規則

　　　　には，法13条による措置に対する不服申立てを許す規定もない。（大阪地

　　　　決平14・3・12判タ1126号278頁）

第5　**調停の不成立**

　1　**調停の不成立の意義**

　　　調停の不成立とは，調停委員会が調停が成立しないものとして調停事件を終

　　了させることである。

> 　調停委員会は，当事者間に合意が成立する見込みがない場合又は成立した合意が相当でないと認める場合において，裁判所が第17条の決定をしないときは，調停が成立しないものとして，事件を終了させることができる。
>
> 　　　　　　　　　　　　　　　　　　　　　　　　　　　　　　（民調法14条）

　民調法14条は，調停成立の見込みがないのに調停を続けることは，当事者にとっても裁判所にとっても不経済であるし，合意の成立をめざす調停制度の趣旨にも反するので，調停委員会が，調停の不成立により，調停事件を終了させることができることを規定している。

　　調書の記載例

　　調停主任裁判官

　　　　調停委員会は，当事者間に合意の成立する見込みがないと認め，調停は成立しないものとして事件を終了させる。

　　　　　　　　　　　　　　　　裁判所書記官　　○　　○　　○　　○　（印）

　民調法14条は，裁判官だけで調停を行う場合に準用される。（民調法15条，前記77頁）

2　調停の不成立の要件

（1）　当事者間に合意が成立する見込みがないこと又は成立した合意が相当でないと認められること

　　ア　合意が成立する見込みがない場合

　　　　合意が成立する見込みがない場合とは，当事者の双方又は一方が説得に応ぜず，その態度が強固であって続行期日を重ねても合意が成立する見込みがない場合や，当事者の双方又は一方が調停期日に出頭しないため合意が成立する見込みがない場合である。

　　イ　成立した合意が相当でない場合

　　　　成立した合意が相当でない場合とは，合意の内容が法律（公序良俗，強行法規）や条理等に照らし違法又は著しく妥当性を欠き，調停委員会が承認しえないような場合をいう。

（2）　裁判所が17条の決定をしないこと

　　　17条決定については，後記第7（137頁）参照。

3　不成立と調停手続の再開

　民調法14条により，調停が成立しないものとして事件を終了させたのちは，調停手続を再開させることはできない。（逐条解説49頁）

4　当事者に対する通知

調停が不成立となった場合には，裁判所書記官は，当事者に対し，遅滞なく，その旨を通知しなければならない。（民調規則22条１項，前記133頁）

5　不成立の措置に対する不服申立て

民調法14条による調停の不成立の措置は，裁判の性質を有しないから，これに対して不服申立てをすることはできないとするのが裁判例・通説である。

【判例㉙】調停委員会が民事調停法14条の規定にしたがって，調停が成立しないものとして事件を終了させることは何らの裁判にも該当しないことは明らかであり，これに対して同法21条による即時抗告はもとより非訟事件手続法による抗告をすることもできない。（名古屋地決昭41・１・31判時436号52頁）

【判例㉚】調停委員会が，民事調停法14条に基づき，調停が成立しないものとして事件を終了させることは，調停手続進行上の措置であって，調停手続における裁判には該当しないと解するのが相当である。したがって，右措置に対しては，民事調停法21条による即時抗告はもとより，非訟事件手続法20条による抗告もすることはできない。（東京地決平９・４・25判タ971号256頁）

6　調停不成立等の場合の訴えの提起

> 第14条（第15条において準用する場合を含む。）の規定により事件が終了し，又は前条第４項の規定により決定が効力を失った場合において，申立人がその旨の通知を受けた日から２週間以内に調停の目的となった請求について訴えを提起したときは，調停の申立ての時に，その訴えの提起があったものとみなす。
>
> （民調法19条）

民調法19条は，訴訟の係属の効果を調停申立時に遡らせることにより，申立人が調停手続中に，出訴期間を徒過したり，時効の完成猶予の利益を失ったりすることがないよう考慮されている。

なお，訴え提起前の調停と二重起訴については，前記94頁参照。

(1)　時効の完成猶予及び更新

調停に時効中断効を認めた最高裁の立場（最２小判平５・３・26民集47巻４号3201頁）は，平成16年（法律第147号）の民法改正において，民法151条により調停の申立てが時効中断事由として追加され，その後，平成29年（法律第44号）の民法改正において，民法147条の時効の完成猶予に引き継がれている。

　　次に掲げる事由がある場合には，その事由が終了する（確定判決又は確定判決と同一の効力を有するものによって権利が確定することなくその事由が終了した場合にあっては，その終了の時から6箇月を経過する）までの間は，時効は，完成しない。
　一　裁判上の請求
　二　支払督促
　三　民事訴訟法第275条第1項の和解又は民事調停法若しくは家事事件手続法による調停
　四　破産手続参加，再生手続参加又は更生手続参加　　　（民法147条1項）
　　前項の場合において，確定判決又は確定判決と同一の効力を有するものによって権利が確定したときは，時効は，同項各号に掲げる事由が終了した時から新たにその進行を始める。　　　　　　　　　　　　　　　（同条2項）

　(2)　訴えの提起の手数料
　　　　調停不成立等の場合，訴えの提起の手数料については，調停の申立てについて納めた手数料の額に相当する額は，納めたものとみなされる。

　　民事訴訟法第355条第2項（第367条第2項において準用する場合を含む。），民事調停法第19条（特定債務等の調整の促進のための特定調停に関する法律第18条第2項（第19条において準用する場合を含む。）において準用する場合を含む。）又は家事事件手続法第272条第3項，第280条第5項若しくは第286条第6項の訴えの提起の手数料については，前の訴えの提起又は調停の申立てについて納めた手数料の額に相当する額は，納めたものとみなす。

　　　　　　　　　　　　　　　　　　　　　　　（民訴費用法5条1項）

　　　　手数料を納めたものとみなされる訴えは，調停事件終了後に提起したものに限られる。
【判例㉛】調停の申立の手数料と同額の手数料を納めたものとみなされる訴は，調停申立人が調停事件終了後所定の期間内に提起した訴に限るのであって，調停申立人が調停事件終了前に調停申立と競合的に提起した訴はこれに当たらない。（最3小判昭47・12・26判時722号62頁）
　(3)　調停費用と訴訟費用
　　　　調停手続と民調法19条によって訴えの提起があったものとみなされる訴訟手続とは，別個独立の手続であるから，明文の規定のない限り，調停手続で要した費用は，その後に提起された訴訟の訴訟費用の一部とはならない。

【判例㉜】民事調停が不調になった後に提起された訴えが，民事調停法19条により，調停申立の時に提起されたものとみなされた場合において，右民事調停手続でなされた鑑定費用は，その後に提起された訴訟の訴訟費用には含まれない。（大阪高決平 3・2・25判タ755号211頁）

7　調停関与と訴訟事件における除斥

調停手続の後の訴訟事件において，民訴法23条（裁判官の除斥）1 項 6 号にいう前審とは，当該事件の直接又は間接の下級審を指すから，裁判官が調停手続に関与したことは，その後の訴訟事件における除斥原因とはならない。

【判例㉝】調停手続に関与した裁判官が，その後になされた訴訟事件の判決に関与しても，除斥原因とはならない。（最 3 小判昭30・3・29民集 9 巻 3 号395頁，判タ48号43頁）

第 6　調停条項案の書面による受諾

調停条項案の提示と調停条項案の書面による受諾の制度は，特定調停手続における特則として設けられている。（後記203頁）

第 7　調停に代わる決定（17条決定）

> 　裁判所は，調停委員会の調停が成立する見込みがない場合において相当であると認めるときは，当該調停委員会を組織する民事調停委員の意見を聴き，当事者双方のために衡平に考慮し，一切の事情を見て，職権で，当事者双方の申立ての趣旨に反しない限度で，事件の解決のために必要な決定をすることができる。この決定においては，金銭の支払，物の引渡しその他の財産上の給付を命ずることができる。　　　　　　　　　　　　　　　　　　　　　（民調法17条）

1　調停に代わる決定

(1)　調停に代わる決定の意義

調停に代わる決定（17条決定）は，調停委員会の調停が成立する見込みがない場合に，受調停裁判所が，職権で，事件の解決のためにする決定である。

(2)　裁判官の単独調停の場合

裁判官の単独調停の場合に，民調法15条（前記77頁）は，11条から14条までの規定を準用するが，17条（調停に代わる決定）の規定を準用していない。また，裁判官の単独調停の場合は，民事調停委員の意見を聴いて民意を反映させることができないことから，裁判官の単独調停においては，調停に代わる決定をすることができないとする考え方もある。

しかしながら，調停に代わる決定の内容が，衡平に反する等不当である場合には，当事者等は異議の申立てによりその効力を失わせることができる

（同法18条4項，後記143頁）のであるから，裁判官の単独調停の場合に，調停に代わる決定をすることができないとまでする必要はないと考えられる。

　　また，民調法17条は，調停委員会が組織されている場合に調停委員会を組織する民事調停委員の意見を聴くべきことを規定したもので，裁判官の単独調停の場合に調停に代わる決定をすることを排斥するものではないとする見解もある。

　　裁判官の単独調停の場合でも，調停に代わる決定をすることができるとするのが通説であり，実務の運用である。

　　裁判官の単独調停の場合に，調停に代わる決定をすることができることを，立法により明確にすべきであるとの指摘もなされている。

2　調停に代わる決定の要件

(1)　調停委員会の調停が成立する見込みがないこと

　　調停が成立する見込みがない場合とは，当事者間に合意が成立する見込みがない場合又は成立した合意が相当でない場合である。

(2)　裁判所が相当であると認めること

　　相当性の判断は，裁判所がその裁量によってなすものである。

3　調停に代わる決定がなされる場合

　　調停に代わる決定がなされる場合としては，次のような場合がある。

(1)　当事者の一方が，電話等で，調停委員会に対して，裁判所に出頭する意思はないが調停案には応じるという意向を示しているとき

(2)　事件の関係人が，調停案に応じる意向を明らかにしているが，遠隔地に居住している等の事情で，裁判所に出頭することができないとき

(3)　調停案の大綱について合意ができたが，細かい部分について合意が整わず，全体として調停を成立させることができないとき

(4)　当事者の双方が調停案を受諾する意向を持ちながら，当事者間の感情的対立などのため相手と合意するという旨を表明することができないでいることが窺えるとき

(5)　当事者は調停を成立させる意向を有しているが，調停の結果について利害関係を有する第三者との関係で，裁判所の決定の形式によって紛争を解決するのが望ましいと思われる事情が窺われるとき

(6)　鑑定の実施等により事実関係の究明が十分になされ，調停手続における費用と労力を無益に終わらせることが妥当を欠くと考えられるとき

　　なお，特定調停事件においては，債権者の一部が調停に応じない場合，調停

に応じる債権者との間では調停を成立させ，調停に応じない債権者との間では調停に代わる決定（特調法20条，後記205頁）をし，債務者の債務の総合的な整理を図ることが少なくない。

4　裁判例

調停に代わる決定は，当事者双方のために衡平に考慮したものでなければならない。

【判例㉞】妨害物件撤去請求調停において，調停に代わる決定で，借家人に相当の範囲において敷地の使用権があることを認めたのは，一切の事情を斟酌し，当事者双方の利益を衡平に考慮した結果であって，妥当である。（名古屋地決昭26・7・18下民集2巻7号916頁）

訴訟事件においても，付調停（民調法20条1項，前記89頁）の活用により，調停に代わる決定を利用することができる。

【判例㉟】求償金請求訴訟において，分割弁済を希望している被告が，遠隔地に住んでいるため口頭弁論期日に出頭することが困難な場合に，訴訟事件を調停に付し，調停委員会の意見を聴かないで，調停に代わる決定がされた事例。（東京地決平2・11・16判タ743号221頁）

土地所有者が建築した賃貸ビルを賃借人（多くの場合はビル賃貸会社）が一括して賃借し，これを自らの採算で転借人に賃貸する形態の契約であるサブリース契約において，賃料につき合意成立の見込みがないため，調停に代わる決定が活用された事例もある。

【判例㊱】建物賃料改定申立調停において，サブリース契約につき，建物賃借人からなされた賃料減額の請求を，調停に代わる決定において一部認容した事例。（東京地決平7・10・30判タ898号242頁）

賃料増減額請求事件は，当事者間の継続的契約関係を基礎とすることから，訴訟手続で決着をつけるよりも，調停手続において，専門的知見に基づいた適正，迅速な解決がなされることが望ましい。

【判例㊲】土地賃料増額請求訴訟において，受訴裁判所が，民事調停法20条に基づき，訴訟を自庁調停に付し，調停における専門家調停委員（不動産鑑定士）の意見に基づいてされた，調停に代わる決定の結論を正当とし，その結論をもって，賃料相当額と認定した事例。（東京地判平9・10・23判タ986号293頁）

解雇の効力を争う訴訟において，受訴裁判所が，訴訟を自庁調停に付した上で，労働者の試用を行い，調停に代わる決定を行った事例がある。

【判例㊳】地位確認請求訴訟において，私病により視力障害者となった労働者が解

雇を争っている場合に，受訴裁判所が自庁調停に付し，会社において3か月の試用を行い，これに基づいて裁判所が，再雇用を内容とする調停に代わる決定をした事例。（大阪地決平12・5・16判タ1077号200頁）

　解決案の提示につき調停委員の意見を聴取する必要がない場合には，調停委員会を組織することなく，裁判官単独で，調停に代わる決定をすることができる。（前記1(2)，137頁）

【判例㊴】境界確定請求訴訟において，受訴裁判所が自庁調停に付し，紛争の経過に照らして解決案の提示につき調停委員の意見を聴取する必要がないと判断して，調停に代わる決定を行った事例。（大阪地決平13・3・30判タ1083号276頁）

　次の裁判例は，裁判官3人による合議体で調停委員会を構成し，調停に代わる決定をした事例である。

【判例㊵】住宅供給公社の申し立てた特定調停事件について，裁判官3人の合議体により，特定調停法20条，民事調停法17条による決定がなされた事例。（東京地決平16・10・25判時1884号144頁）

5　決定の方式

(1)　非訟法の準用

　終局決定である調停に代わる決定の方式等については，民調法22条により非訟法57条が準用される。

　終局決定は，裁判書を作成してしなければならない。ただし，即時抗告をすることができない決定については，非訟事件の申立書又は調書に主文を記載することをもって，裁判書の作成に代えることができる。　　（非訟法57条1項）

　終局決定の裁判書には，次に掲げる事項を記載しなければならない。

一　主文
二　理由の要旨
三　当事者及び法定代理人
四　裁判所　　　　　　　　　　　　　　　　　　　　　　（同条2項）

---

(2)　理由の要旨の記載

ア　必要的記載事項

　民訴法における判決書には「理由」を必要的記載事項としているところ（民訴法第253条第1項第3号），即時抗告をすることができる終局決定については即時抗告をするか否かの判断に資するため，当該裁判の結論に至った理由が裁判書において明らかにされている必要があると解される

が，他方で，非訟事件の手続における簡易迅速な処理の要請からすると，裁判書に常に詳細に「理由」を記載すべきことを要求するのは相当でないと解されることから，本条第 2 項第 2 号では「理由の要旨」を必要的記載事項としている。（逐条非訟法221頁）

　　調停に代わる決定は，民事調停事件の審理を完結させる終局決定である（前記124頁）から，原則として理由の要旨を記載した裁判書を作成しなければならない。理由の要旨は，簡潔なもので足りる。

イ　理由の要旨の記載例

　　「当裁判所は，事案の内容，当事者双方の意向，提出資料等本件調停に顕れた一切の事情を衡平に考慮した結果，主文記載の内容により解決するのが，当事者双方の利益にもかない，かつ，相当であると考え，本決定をする。」

(3)　非訟規則の準用

　　決定及び命令の方式については，民調規則24条により非訟規則47条が準用される。

　決定書及び命令書には，決定又は命令をした裁判官が記名押印しなければならない。　　　　　　　　　　　　　　　　　　　　（非訟規則47条 1 項）

　　調停に代わる決定には，決定をした裁判官が記名押印をする。

6　決定の告知

(1)　非訟法の準用

　　終局決定である調停に代わる決定の告知については，民調法22条により非訟法56条が準用される。

ア　終局決定の告知の対象者及びその方法

　終局決定は，当事者及び利害関係参加人並びにこれらの者以外の裁判を受ける者に対し，相当と認める方法で告知しなければならない。（非訟法56条 1 項）

　　告知の方法としては，実務においては，異議申立期間の起算点（決定の告知を受けた日）を明確にするために，決定正本を当事者に送達している。

　　なお，所在不明者に対する告知の方法として，公示送達（民訴法110条以下）の方法をとると，異議申立権を実質的に奪う結果となるので，公示送達の方法は許されない。

イ　終局決定の効力発生時期

> 終局決定（申立てを却下する決定を除く。）は，裁判を受ける者（裁判を受ける者が数人あるときは，そのうちの一人）に告知することによってその効力を生ずる。
>
> （同条2項）

(2)　裁判所書記官の採るべき措置

> 決定又は命令の告知がされたときは，裁判所書記官は，その旨及び告知の方法を非訟事件の記録上明らかにしなければならない。　（非訟規則47条3項）

　　事件の記録上明らかにするとは，必ずしも決定書等の原本に付記する必要はなく，決定書等の送達の方法によって告知がされた場合には，その送達報告書を調停事件の記録に編てつすることで足りる。

7　調停に代わる決定に対する異議の申立て

　　調停に代わる決定は終局決定であるが，不服申立てについては民調法18条1項が非訟法66条1項（終局決定に対する即時抗告）についての「特別の定め」に当たるため，非訟法66条の準用は限定的である。（前記125頁）

(1)　異議の申立て

> 前条の決定に対しては，当事者又は利害関係人は，異議の申立てをすることができる。その期間は，当事者が決定の告知を受けた日から2週間とする。
>
> （民調法18条1項）

　　ア　異議申立期間

　　　　異議申立期間は，決定の告知を受けた日から2週間である。

　　　　異議の申立ての**期間の計算**については，民調法22条が準用する非訟法34条4項が更に準用する民訴法95条1項による。したがって，期間の初日は，算入しない。（民法140条）

> 期間の計算については，民法の期間に関する規定に従う。（民訴法95条1項）
>
> 日，週，月又は年によって期間を定めたときは，期間の初日は，算入しない。ただし，その期間が午前零時から始まるときは，この限りでない。
>
> （民法140条）

　　イ　異議の理由

　　　　異議の申立てをするについては，異議の理由を明らかにする必要はない。

(2)　異議申立権の放棄

　　ア　決定前の放棄

— 142 —

　　　決定前の異議申立権の放棄については，当事者の合意がある場合に，放
　　棄が有効とされることがある。
【判例㊶】「本調停において出された結論を最終のものとして受け入れ，これに対
　　し如何なる不服申立も行わない。」との合意書の文言は，調停に代わる決
　　定がなされた場合においても，当事者双方はこれに対する異議申立をしな
　　いとの合意を含む趣旨のものと解するのが相当であり，調停に代わる決定
　　に対してなされた異議申立は無効である。（東京地判平5・11・29判時
　　1500号177頁，判タ860号280頁）
　　イ　決定後の放棄
　　　　決定後の異議申立権の放棄が有効であることには，異論はない。
　(3)　異議の申立ての却下
　　ア　異議の申立ての却下

　裁判所は，前項の規定による異議の申立てが不適法であると認めるときは，
これを却下しなければならない。　　　　　　　　　　　　　（民調法18条2項）

　　イ　却下決定の告知
　　　　異議の申立ての却下決定の告知については，民調法22条により非訟法56
　　条（前記141頁）が準用される。
　(4)　却下決定に対する即時抗告
　　ア　非訟法の準用
　　　　異議の申立てを却下する決定は，非訟法55条1項に規定する終局決定に
　　当たるので，民調法22条の準用する非訟法66条1項，2項により，異議申
　　立人は，即時抗告をすることができる。（前記125頁）
　　イ　即時抗告期間
　　　　即時抗告期間は，決定の告知を受けた日から2週間である。（非訟法67
　　条1項，2項，前記125頁）
　　ウ　即時抗告と執行停止

　前項の規定により異議の申立てを却下する裁判に対する即時抗告は，執行停
止の効力を有する。　　　　　　　　　　　　　　　　　　　　　（同条3項）

---

　(5)　異議の申立ての効果

　適法な異議の申立てがあったときは，前条の決定は，その効力を失う。
　　　　　　　　　　　　　　　　　　　　　　　　　　　　　　　（同条4項）

　　　　ア　調停に代わる決定の失効

　　　　　　異議申立期間内に適法な異議の申立てがあると，調停に代わる決定は失
　　　効する。

　　　　　　調停に代わる決定が，異議の申立てにより失効する制度とされているの
　　　は，憲法32条（裁判を受ける権利）や同82条（裁判の公開）の規定に適合
　　　させるためである。

【判例㊷】性質上純然たる訴訟事件につき当事者の意思いかんにかかわらず終局的
　　　に事実を確定し当事者の主張する権利義務の存否を確定する裁判が，公開
　　　の法廷における対審および判決によってなされないときは，それは憲法82
　　　条に違反するとともに，同32条の趣旨をも没却する。したがって旧金銭債
　　　務臨時調停法7条によりなされた調停に代わる裁判は違憲である。（最大
　　　決昭35・7・6民集14巻9号1657頁，判時228号5頁，判タ109号29頁）

　　　　イ　当事者に対する通知

　　　　　　調停に代わる決定に対して適法な異議の申立てがあり，決定が効力を
　　　失ったときは，裁判所書記官は，当事者に対し，遅滞なく，その旨を通知
　　　しなければならない。（民調規則22条1項，前記133頁）

　(6)　異議の取下げ

　　　いったん申し立てた異議の取下げをしても，調停に代わる決定の失効の効
　　果には変わりがない。

　8　調停に代わる決定の効力

　(1)　調停に代わる決定の法的性質

　　　調停に代わる決定の法的性質については，合意説と裁判説の考え方がある。

　　　　ア　**合意説**

　　　　　　調停に代わる決定の実質は，裁判所による最終的な調停案の提示である
　　　とする。（裁判例として後記【判例㊹】福岡高判平24・9・18）

　　　　イ　**裁判説**

　　　　　　調停に代わる決定の本質は，受調停裁判所がその権限に基づき事件解決
　　　のために下す公権的判断であるとする。（裁判例として後記【判例㊸】大
　　　分地判平19・12・17）

　(2)　調停に代わる決定の効力

　　　第1項の期間内に異議の申立てがないときは，前条の決定は，裁判上の和解
　と同一の効力を有する。　　　　　　　　　　　　　　　　（民調法18条5項）

　　　期間内に異議申立てがなければ，調停に代わる決定が確定し，確定した決

定の効力は，調停成立調書の効力（第 6 章第 1 の 1，後記160頁）と同一と解される。したがって，調停成立調書と同様に，調停に代わる決定に基づいて強制執行をすることもできる。（第 6 章第 2 の 1，後記161頁）

強制執行は，次に掲げるもの（以下「債務名義」という。）により行う。

七　確定判決と同一の効力を有するもの　　　　　　（民事執行法22条 7 号）

---

(3)　裁判例

　ア　調停に代わる決定と意思表示に関する民法の規定の適用

　　(ア)　調停に代わる決定と民法95条

　　　　調停に代わる決定には，民法95条（錯誤，後記164頁）は適用されないとする裁判例がある。

【判例㊸】民法95条本文は，法律行為の要素に錯誤のある意思表示を無効とする規定であるところ，17条決定は裁判であり，裁判は裁判機関がその判断又は意思を法定の形式で表示する訴訟行為であって，当事者の意思表示を要素とする法律行為ではない。また，17条決定は当事者又は利害関係人の異議申立てによって失効するから，その効力発生は当事者の意思に委ねられているということができるが，このことは，17条決定が当事者の意思表示を要素とすることを意味するものではない。そうすると，仮に，調停事件に関し当事者に何らかの錯誤があったとしても，当事者の意思表示を要素としない17条決定が，当該錯誤により無効となることは法的に見てあり得ない。（大分地判平19・12・17判タ1270号320頁）

　　　　民事調停法17条の決定に対しては，意思表示の瑕疵に関する民法95条の適用があるとする裁判例もあるが，これについては消極的な裁判例（東京地判平16．12．10公刊物未搭載，大分地判平19．12．17判タ1270号320頁，福岡高判平20・ 4 ・15金判1336号106頁，東京高判平22．6．29公刊物未搭載，東京高判平22．12．1公刊物未搭載）の方が多いように思われる。（「過払金返還請求訴訟における実務的問題」判タ1338号26頁）

　　(イ)　和解に代わる決定と民法95条

　　　　民訴法275条の 2 が定める**和解に代わる決定**についても，意思表示の錯誤に関する民法95条の適用がないとする裁判例がある。

　　　　「和解に代わる決定は，簡易裁判所が，金銭支払請求事件について，請求認容判決ができる場合であっても，期限の猶予や分割払いの定めを付したうえで支払を命じる，個々の事案に適合した実効的な紛争解決を図る訴訟行為であって，和解に代わる決定を行うかどうかについて，当事

者の同意は必要なく受訴裁判所の裁量によるもので，その形成過程において，当事者の同意等，その意思に委ねられるところは全くない。そして，和解に代わる決定に対する異議の申立てについても，当事者による受訴裁判所の決定内容を受け入れることができない旨の受訴裁判所に対する意思表示であり，相手方に向けられた意思表示ではなく，相手方との間で意思と表示の不一致が問題になることはない。上記のような和解に代わる決定の性質に鑑みれば，和解に代わる決定につき，意思表示の錯誤に関する民法95条の適用・類推適用の余地はないものと解される。」（東京地判平25・9・18判例秘書登載）

　イ　特定調停に代わる決定の清算条項と過払金請求

　　　特定調停において「当事者間には何らの債権債務のないことを確認する」旨の清算条項を付した17条決定が確定した後，それ以前に発生していた過払金についての返還請求を認めた事例がある。

【判例㊹】特定調停事件において，17条決定がなされるに当たり，過払金の有無等について検討されていないものと認められることからすれば，本件清算条項については，特定調停において通常用いられる条項が挙げられたに過ぎないと解されるのであって，借主において，過払金返還債権の存在を認識しないままで清算条項を含む17条決定に対して異議を申し立てなかったからといって，過払金返還債権を清算の対象としたことにはならない。17条決定は，裁判所による最終的な調停案の提示であり，これに対する異議申立てをしないとの当事者等の消極的合意を停止条件として裁判上の和解と同一の効力を生じる制度，すなわち和解と同様，当事者等の合意に基礎を置いた紛争解決のための制度であると解するのが相当であり，これについても，和解と同様に錯誤等の適用があるものと解するのが相当である。（福岡高判平24・9・18判タ1384号207頁）

　ウ　訴えの取下擬制と手数料の還付

　　　訴訟事件を職権で調停に付し，17条決定が確定したときは，訴えの取下げがあったものとみなされる（民調法20条2項，前記90頁）が，裁判所において本案の紛争解決に至ったものであるから，原告による訴えの取下げと異なり，手数料の還付を求めることはできない。

【判例㊺】受訴裁判所が，民事調停法20条1項の規定により，事件を調停に付した場合において，同法17条に基づく決定が確定したときは，最初にすべき口頭弁論の期日の終了前に上記決定が確定した場合であっても，当該訴えを提起した者が，民事訴訟費用等に関する法律9条3項1号に基づき，手数

料の還付を求めることは許されない。(大阪地決平25・2・13判タ1393号351頁)

9　調停に代わる決定の確定と訴えの取下擬制

第3章第2の3(前記90頁)のとおり。

10　更正決定

調停に代わる決定に,計算違い,誤記その他これらに類する表現上の明白な誤りがある場合に,更正決定ができることは,調停成立の調停調書と同様である。(第5章第2の1,後記156頁)

第8　調停の成立

1　調停の成立

> 調停において当事者間に合意が成立し,これを調書に記載したときは,調停が成立したものとし,その記載は,裁判上の和解と同一の効力を有する。
>
> (民調法16条)

調停手続における当事者間の合意の成立と**調停の成立**は別個の概念であって,その要件と成立時期を異にする。

(1)　当事者間の合意の成立

当事者間の合意は,当事者双方の意思表示の合致によって成立する。

調停手続の過程において,紛争の一部につき当事者間に中間的な合意が成立した場合,調停が結局全体として不成立に終わったとしても,調停手続の過程において成立した合意の効力が認められることがある。

【判例㊻】地代支払の調停手続において,当事者間に地代の額についての合意が成立したが,その支払方法について協議が調わないため結局調停が不成立となった場合でも,地代の額については合意が有効に成立したものと認められる。(大阪地判昭42・6・7判時494号57頁)

調停物である権利関係以外の権利関係を含めて調停を成立させてもよい。

【判例㊼】訴訟上の和解には,当該訴訟の訴訟物たる権利関係以外の権利関係を包含させても違法ではない。(最2小判昭43・3・29裁判集民90号851頁,判時517号54頁)

【判例㊽】調停条項を読み聞かせてこれを受諾したというのは,必ずしも調停条項を文字通り音読して聞かせたことをいうのではなく,調停条項の趣旨をよく了知せしめ当事者においてこれを承諾したことをいう。(最3小判昭25・2・28裁判集民3号149頁)

(2)　調停の成立

調停は，当事者間に成立した合意が調停委員会によって相当と認められ，これが調書に記載されたときに成立する。

地方公共団体が当事者である場合，議会の議決を必要とすることがある。（地方自治法96条１項，前記33頁）

２　調停調書の作成

(1)　調書の作成時期

民調法16条は，当事者間の合意成立の際に調停調書が作成されていることを要求しているものではない。

【判例㊾】民事調停法16条は「調停において当事者間に合意が成立し，これを調書に記載したときは，調停が成立したものとし，その記載は，裁判上の和解と同一の効力を有する。」と規定しているのであって，合意成立の際調停調書が作成されていることを要求しているものではない。（最２小判昭39・９・25裁判集民75号483頁）

調停成立調書は，調停期日の数日後に作成されたとしても，その一事で効力に影響があるということはない。

【判例㊿】調停において当事者間に合意が成立した場合の調書は，その期日終了までに作成すべきものであるが，たとえ数日後に作成されたとしても，調書として法定の形式をそなえている限り，その効力に欠けるところはない。（東京高判昭38・７・10東高民時報14巻７号192頁）

(2)　調書の記載

ア　出頭した当事者等

【判例(51)】調停期日に出頭していない本人が出頭した旨調停調書に記載されていても，本人の代理人が出頭しているときは，調停調書は無効ではない。（東京高判昭35・３・31東高民時報11巻３号128頁）

【判例(52)】相手方は代理人のみが出頭して調停が成立した調停調書の出頭当事者欄に，「相手方及び代理人Ａ」と記載されていたとしても，調停を無効とする理由にはならない。（最１小判昭42・４・20裁判集民87号219頁）

イ　当事者の表示

調停条項中に定めがあっても，調停調書に利害関係人として表示されていない以上，同人に対し調停の効力が生じない。

【判例(53)】民事調停法11条所定の利害参加人に対しては調停の効力，殊にその執行力が及ぶのであるから，債務名義となる調停調書には利害関係人の表示を必要とすべきであると共に，調停調書に表示されない限りこれを利害関係人とすることはできないから，同人に対して強制執行をすることはできな

い。（広島高松江支判昭32・７・26下民集８巻７号1347頁）

ウ　申立ての表示

申立ての表示は，事件を特定するために，申立てのあった請求を他の請求と区別できる程度に記載する。

通常は，申立ての趣旨と原因（紛争の要点）を分けずに，一括して記載している。

エ　調停条項

後記第５章第１（152頁）参照。

3　調停の法的性質

調停の法的性質については，訴訟上の和解（民訴法267条）の場合と同様に，次のような考え方に分かれている。

⑴　私法行為説

調停は，私法上の法律行為であるとする。

⑵　訴訟行為説

調停は，私法上の法律行為とは別個の，訴訟行為としての合意であるとする。

⑶　両行為競合説（両性説）

調停は，１個の行為ではあるが，私法上の行為（性質）と訴訟上の行為（性質）が競合しているとする。

⑷　両行為併存説

調停は，私法上の行為と訴訟上の行為が併存しているとする。

調停の法的性質については，訴訟上の和解の場合と同じく，両行為競合説が実務の通説である。後記【判例(92)】（167頁）参照。

【判例(54)】訴訟上の和解が成立したことによって訴訟が終了したことを宣言する終局判決である第１審判決に対し，被告のみが控訴し原告が控訴も附帯控訴もしなかった場合において，控訴審が，当該和解が無効であり，かつ，請求の一部に理由があるが第１審に差し戻すことなく自判をしようとするときには，控訴の全部を棄却するほかない。（最１小判平27・11・30民集69巻７号2154頁，判時2286号45頁，判タ1421号101頁）

訴訟上の和解の法的性質については，諸説が対立するが，判例は，訴訟上の和解は単なる訴訟行為ではなく，私法上の和解契約の性質も有するとしている。その結果，訴訟上の和解については，実体法と訴訟法を競合的に適用して，実体上の要件が欠ければ無効となると解している（判例解説平成27年度557頁）。

4　調停費用の負担

(1)　調停成立の場合

　　民調法20条の２は，調停が成立した場合の手続費用の負担について定めている。

> 　調停が成立した場合において，調停手続の費用の負担について特別の定めをしなかったときは，その費用は，各自が負担する。（民調法20条の２第１項）

ア　負担の定めをした場合

　　調停が成立した場合，調停条項において調停手続の費用の負担額及び負担方法について特別の定めをすることができ，その定めをしたときは，調停費用の負担はその定めに従う。

イ　負担の定めをしなかった場合

　　調停条項において調停手続の費用の負担額及び負担方法について特別の定めをしなかったときは，各自の支出した調停費用は，各自が負担する。

(2)　付調停の場合

> 　前条第１項（同条第４項において準用する場合を含む。）及び第24条の２第２項の規定により調停に付された訴訟事件又は非訟事件について調停が成立した場合において，訴訟費用及び非訟事件の手続の費用の負担について特別の定めをしなかったときは，その費用は，各自が負担する。　　　　　（同第２項）

　　訴訟事件（又は非訟事件）が調停に付された場合は，当事者は調停費用の他に訴訟費用（又は非訟事件手続費用）を支出しているので，それらの費用の負担についての規定である。

(3)　調停不成立等の場合

　　調停成立以外の事由（調停不成立等）によって事件が終了した場合の調停費用の負担については，民調法22条により非訟法26条が準用される。

> 非訟事件の手続の費用（以下「手続費用」という。）は，特別の定めがある場合を除き，各自の負担とする。　　　　　　　　　　　　（非訟法26条1項）
>
> 裁判所は，事情により，この法律の他の規定（次項を除く。）又は他の法令の規定によれば当事者，利害関係参加人その他の関係人がそれぞれ負担すべき手続費用の全部又は一部を，その負担すべき者以外の者であって次に掲げるものに負担させることができる。
>
> 一　当事者又は利害関係参加人
>
> 二　前号に掲げる者以外の裁判を受ける者となるべき者
>
> 三　前号に掲げる者に準ずる者であって，その裁判により直接に利益を受けるもの　　　　　　　　　　　　　　　　　　　　　　　　　　（同条2項）

(4)　当事者等が負担すべき調停費用

　　当事者等が負担すべき調停手続の費用の範囲と額については，民事訴訟費用等に関する法律（昭和46年法律第40号）及び民事訴訟費用等に関する規則（昭和46年最高裁判所規則第5号）で定められている。

5　**調停調書の送達**

　　調停調書は，実務においては，職権で送達はせず，当事者から送達申請があった場合に正本を送達している。

　　調停調書に基づき強制執行をするには，調停調書の正本を債務者に送達しておかなければならない。（民事執行法29条，後記172頁）

第５章　調停調書の作成

第１　調停条項の作成

１　調停条項の分類

⑴　確認条項

ア　確認条項の意義

確認条項とは，確認の対象となる権利又は法律関係について，その存在又は不存在を確認する意思表示をする条項である。

イ　記載例

「相手方は，申立人に対し，本件借受金債務として○○万円の支払義務があることを認める。」

「相手方らは，申立人に対し，本件借受金債務として連帯して○○万円の支払義務があることを認める。」

⑵　給付条項

ア　給付条項の意義

給付条項とは，当事者の一方が相手方（又は第三者）に対し，特定の給付をすることを約する条項である。

イ　記載例

「相手方は，申立人に対し，前項の金員を，令和○年○月末日限り，申立人名義の口座（○○銀行○○支店，普通預金口座，口座番号○○○○）に振り込む方法で支払う。」

ウ　裁判例

【判例(55)】調停条項に単に「家屋を昭和○年○月○日まで賃貸すること」と記載されただけの場合，同日までは明渡しの請求をしないことを定めただけで，同日以後明渡しの請求ができるかどうかを直接明示していないから，この調停調書を債務名義として直ちに明渡しの執行を求めることはできない。（最１小判昭27・12・25民集６巻12号1271頁，判タ27号51頁）

この場合に，更正決定により，賃貸借期間満了後家屋を明け渡す旨の新条項を追加することは，許されない。（後記【判例(71)】，158頁参照）

【判例(56)】給付義務の内容として「甲会社工場内に設備してある機械15台付属品付所有権の引渡し」という表示では，機械の品名種類規格等の記載がないから，調書の文言上給付の目的物が特定されたものとは認められない。（名古屋高判昭28・３・30下民集４巻３号452頁）

⑶　形成条項

ア　形成条項の意義

形成条項とは，当事者が自由に処分することのできる権利又は法律関係について，新たに権利の発生，変更，消滅という形成の効果を生ずる条項である。

イ　形成条項の種類

㋐　**権利発生条項**

売買，賃貸借等の合意を行いそれに基づく一定の権利義務の発生を内容とする条項である。

㋑　**権利変更条項**

一定の権利義務又は法律関係が存在することを前提としてその権利義務の変更を合意する条項である。

㋒　**権利消滅条項**

合意解除や相殺の合意，債務免除又は権利放棄を内容とする条項である。

ウ　記載例

「申立人は，相手方に対し，別紙物件目録記載の建物を次の約定で賃貸し，相手方はこれを賃借する。」

⑷　道義条項

ア　道義条項の意義

道義条項とは，当事者がその記載をすることで満足し，あるいは他の条項を履行する基礎となり，事後の紛争を防止するのに役立つ条項である。

イ　道義条項の効力

【判例(57)】当事者間に道義的義務を負担するにすぎない道義条項や精神条項は，法律上の拘束を生じない。（金沢地判昭25・５・11下民集１巻５号724頁）

⑸　清算条項

ア　清算条項の意義

清算条項とは，当事者が，当事者間に当該調停条項に定めたもの以外に権利義務関係がないことを確認する条項である。

イ　請求放棄条項

申立人の請求のうち一部を認める調停が成立した場合に，認められなかった部分の権利関係の確定という実体法上の効果を明らかにするために，**請求放棄条項**が設けられることがある。

「申立人は，その余の請求を放棄する。」

その余の請求とは，調停物（前記33頁）となっている請求のうち，他の調停条項によっては合意されなかった部分をいう。

ウ　清算条項の種類

請求放棄条項は，調停物に関するものであるが，清算条項は，調停物以外の債権債務に関するものである。調停成立時を基準にして，他の調停条項によって定めたものを除いて，当事者間に何らの債権債務のないことを相互に確認する条項である。

(ア)　**包括的清算条項**

「申立人と相手方は，申立人と相手方との間には，この調停条項に定めるもののほか，何らの債権債務がないことを相互に確認する。」

(イ)　**限定的清算条項**

限定的清算条項は，当事者間に，本件調停とは全く関連のない債権債務が存在したり，存在する可能性がある場合に，そのような債権債務を消滅させないために用いられる。

「申立人と相手方は，申立人と相手方との間には，本件に関し，この調停条項に定めるもののほか，何らの債権債務がないことを相互に確認する。」

「申立人と相手方は，申立人と相手方との間には，本件交通事故に関し，この調停条項に定めるもののほか，何らの債権債務がないことを相互に確認する。」

申立人と相手方が継続的な契約関係にあり，今後も取引が行われる場合には，そのことを明らかにする条項が用いられることもある。

「申立人と相手方は，申立人と相手方との間には，本日現在で，この調停条項に定めるもののほか，何らの債権債務がないことを相互に確認する。」

2　**調停条項の解釈**

調停条項の解釈とは，調停条項に記載された当事者の合意の内容及びその効力を明らかにすることである。

【判例58】裁判上の和解の内容及び効力については，原則として和解調書に記載されたところからこれを判断すべきであり，和解調書に記載されなかった債権債務を和解条項中の債務と関連させて，その効力を論ずることは許されない。（最2小判昭46・12・10裁判集民104号607頁，判時655号31頁，判タ272号223頁）

(1)　期限の利益の喪失

　　期限の利益とは，期限がまだ到来しないことによって当事者が受ける利益のことである。例えば，期限が到来するまでは債務の履行を請求されない利益である。

　期限は，債務者の利益のために定めたものと推定する。　　（民法136条 1 項）
　期限の利益は，放棄することができる。ただし，これによって相手方の利益を害することはできない。　　　　　　　　　　　　　　　　　　　（同条 2 項）

---

(2)　調停調書に基づく権利の濫用

　　権利の濫用とは，形式的には権利の行使とみられるが，その権利の本来の目的を逸脱しているために，実質的には権利の行使とはみられず，違法とされる行為である。

　権利の濫用は，これを許さない。　　　　　　　　　　　（民法 1 条 3 項）

【判例㊾】調停条項に，賃借人が賃料の支払いを引続き 6 か月分以上遅滞したときは，土地賃貸借契約は当然に終了し，相手方が土地の明渡義務を負う趣旨の合意が存する場合であっても，不注意による賃料支払の遅滞を捉え，調停調書に基づく権利を濫用することは許されない。（最 2 小判昭37・2・23裁判集民58号911頁）

(3)　調停条項に記載されない合意

　　調停の成立に際し，調停条項に記載のない事項について，当事者間に合意が成立したとすることは，さらなる紛争の原因となるので，避けるべきである。

【判例㊿】貸金債権およびこれを担保する不動産の売買予約における完結権につき右債務を弁済したときは予約完結権のための所有権移転請求権保全の仮登記を抹消する旨の調停が成立した場合において，調停条項に右予約完結権の行使の効果について明記されておらずその他判示の事情のもとでは，右調停により，前記予約完結権の行使の効果が当初の代物弁済的性質からいわゆる清算的性質に変更したものと認めることはできない。（最 3 小判昭39・12・22裁判集民76号591頁，判時400号20頁，判タ172号107頁）

(4)　弁護士の関与と調停条項の解釈

　　代理人として弁護士がついているときは，調停条項に使用された法律用語については，特別の事情のないかぎり，本来の意味と異なる解釈をすべきではない。

【判例㊽】訴訟代理人である弁護士も関与して成立した訴訟上の和解においては，

和解条項の文言自体が相互に矛盾し，または文言自体によってその意味を了解しがたいなど，和解条項それ自体にかしを含むような特別の事情のないかぎり，和解調書に記載された文言と異なる意味に和解の趣旨を解すべきではない。(最 1 小判昭44・7・10民集23巻 8 号1450頁，判時568号50頁，判タ238号120頁)

第 2　更正決定

1　更正決定の意義

更正決定とは，調停調書等に計算違い，誤記その他これらに類する表現上の明白な誤りがある場合に，その訂正補完をする決定である。

調停調書等の更正決定については，民調法22条により非訟法58条が準用される。

> 終局決定に計算違い，誤記その他これらに類する明白な誤りがあるときは，裁判所は，申立てにより又は職権で，いつでも更正決定をすることができる。
>
> (非訟法58条 1 項)

2　裁判書の作成

> 更正決定は，裁判書を作成してしなければならない。　　　　(同条 2 項)

前記のとおり，終局決定は，裁判書を作成してしなければならない。(非訟法57条 1 項，前記140頁)

更正決定は，終局決定以外の裁判であるが，終局決定と一体となり，更正された内容で終局決定がなされたこととなるため，終局決定以外の裁判の特則として，裁判書の作成が義務付けられている。

3　更正決定ができる場合

(1)　更正決定の対象

更正決定の対象となるのは，調停調書等に，計算違い，誤記その他これらに類する明白な誤り(調停委員会等の意思と異なる表示)がある場合である。

(2)　更正決定の要件

調停調書等に，計算違い等の明白な誤りがあることである。

【判例㉒】判決，決定，調停調書等に明白な誤謬があるときは，裁判所は申立又は職権によりこれを更正する旨の決定をすることができるが，右の誤謬は違算，書換(注. 原文のママ)その他判決等の全趣旨から，客観的にいかなる事項を表示する積りで果さなかったかが明確に看取することができる明白なものでなければならない。(東京高決昭31・5・22東高民時報 7 巻 5

号108頁，判タ59号71頁）

【判例㊌】原告が明渡を求める目的物件の表示を誤って申し立てたため，裁判所が判決において目的物件の表示を誤った場合において，右目的物件がもともと同一であることが記録上明らかであるときは，民訴法194条を準用して，判決の更正をすることができると解するのが相当である。（最2小判昭43・2・23民集22巻2号296頁，判時514号52頁，判タ219号86頁）

【判例㊍】明白な誤謬とは，調停調書の作成者において表現しようとした事項につき誤記，遺脱等の存することが調書記載全体の趣旨，調停の全過程に現われた資料等に照らして明確に看取することができる場合を指すものというべきである。（東京高決昭56・11・10東高民時報32巻11号264頁，判時1029号77頁，判タ460号100頁）

4　更正手続の違法

【判例㊎】調停調書の記載に明らかな誤謬があれば，更正決定は，仮に更正の手続に違法があったとしても，それが取り消されない限り，当然に無効又は不存在とはならない。（最3小判昭33・11・25裁判集民34号569頁）

5　更正決定をする権限

(1)　裁判所による更正決定

更正決定は，受調停裁判所（裁判官）が行う。

書記官は，調書作成（民調法12条の5，118頁）の権限をもつ公証官であるが，単独で調停調書の更正をすることはできない。

【判例㊏】調停が成立し，調停調書の正本の送達がなされたのちは，たとえ裁判官の指示に基づいたものであり，かつ調停当事者の一部の者の承諾があったとしても，書記官が調停調書原本の一部を書き換えることは許されない。（福岡高判昭28・1・24下民集4巻1号84頁）

調停が調停委員会で成立したものであっても，調停調書の更正決定は，裁判所が行う。

【判例㊐】調停調書の記載は，確定判決と同一の効力を有し，給付条項を含む調停調書は債務名義となるものであるから，その更正は，裁判所書記官によってではなく，判決の更正に準じて裁判所によって行うのが相当である。（東京高決昭61・7・16判時1207号56頁，判タ623号203頁）

(2)　下級裁判所と更正決定

下級裁判所は，上級裁判所において成立した調停の調書について，更正決定をすることはできない。

【判例㊑】更正権限は原則として更正を受くべき裁判をし，又は和解，調停，放棄，

認諾等の調書について認証をした裁判官の所属する裁判所に専属し，事件が上級裁判所に係属する場合に限り，上級裁判所は下級裁判所の処分に対し審判権を有する関係上例外として下級裁判所の裁判及び和解，調停，放棄，認諾等の調書について更正決定をする権限を有する。したがって，下級裁判所は，上級裁判所の裁判及び和解，調停，放棄，認諾等の調書について，更正決定をする権限を有するものではない。（東京高決昭34・８・17東高民時報10巻８号172頁，判タ96号30頁）

６　更正決定が許される範囲

旧条項には期待できない法律上の効果を追加するために，更正決定で新条項に書き直すことは許されない。

【判例(69)】調停の関係者以外の者が調停当時予期された行動をしないからといって，本来の調停条項からは期待できない法律上の効果をその者に対する関係で取得するために，調停条項を更正決定して新条項に書き直すことは，民事訴訟法第194条（注．現行の民訴法257条）の拡張解釈の限界を越えた違法無効のものであって，確定したとしても，更正の内容に即した効力は発生しない。（札幌高判昭38・11・８高民集16巻８号641頁，判時364号32頁，判タ154号108頁）

調停調書の旧条項の実質的内容を変更するような更正決定は許されない。

【判例(70)】「甲から丁に建物所有権を移転する」旨の調停調書の条項を，「甲は乙に仮登記の本登記をなし，乙は丙を経て丁に建物所有権を移転する。そして登記は中間省略登記により乙から丁にする。」旨の条項に更正することは，権利移転の経緯および態様において，旧条項の実質的内容を変更するものであって，許されない。（最２小判昭42・７・21民集21巻６号1615頁，判時494号43頁，判タ210号152頁）

賃貸借期間を定めた条項に，更正決定により，賃貸借期間満了後目的物を明け渡す旨の給付条項を追加することは，調停調書の実質的内容を変更するものであり，許されない。

【判例(71)】本件更正決定は，和解調書上の賃貸借期間の定めに関する記載事項に新たに債務名義である明渡条項を付加することになるのであって，これは和解調書の実質的内容を変更するものといわざるを得ず，和解調書の記載内容の同一性を阻害するに至っているものというべきである。本件更正決定は，民事訴訟法194条（注．現行の民訴法257条）の更正の要件に欠け，違法である。（東京高判平４・６・22判時1428号87頁，判タ807号247頁）

なお，前記【判例(55)】（152頁）参照。

7　不服申立て

(1)　更正決定に対する即時抗告

更正決定に対しては，更正後の終局決定が原決定であるとした場合に即時抗告をすることができる者に限り，即時抗告をすることができる。

（非訟法58条3項）

　　更正決定がされると，終局決定と一体となり，更正された内容で終局決定がなされたことになるため（前記2，156頁），更正決定によって不利益を受ける者は，即時抗告をすることができる。

(2)　更正決定の申立ての却下決定に対する即時抗告

ア　不適法却下の場合

第1項の申立てを不適法として却下する裁判に対しては，即時抗告をすることができる。　　　　　　　　　　　　　　　　　　（同条4項）

イ　理由なしの却下の場合

　　更正決定の申立てを理由がないとして却下した決定については，終局決定をした裁判所自らが誤りがないとしている以上，その点について他の裁判所による審査の機会を与えるまでの必要はないと考えられることから，即時抗告をすることができないこととしている。（逐条非訟法223頁）

(3)　終局決定に対して適法な即時抗告があった場合の特則

終局決定に対し適法な即時抗告があったときは，前2項の即時抗告は，することができない。　　　　　　　　　　　　　　　　　　（同条5項）

　　即時抗告ができないこととされているのは，終局決定に対して適法な即時抗告があったときは，更正決定に対する不服及び更正決定の申立てを却下する決定に対する不服のいずれについても，終局決定に対する抗告審の判断を受けることになるからである。

第6章　調停調書の効力

第1　調停調書の既判力
1　確定判決と同一の効力
　　調停成立調書の記載は，裁判上の和解と同一の効力を有し（民調法16条，前記147頁），裁判上の和解調書の記載は，確定判決と同一の効力を有するから（民訴法267条），調停成立調書の記載は，確定判決と同一の効力を有する。

> 　和解又は請求の放棄若しくは認諾を調書に記載したときは，その記載は，確定判決と同一の効力を有する。　　　　　　　　　　　　　　（民訴法267条）

2　和解調書の既判力
　　和解調書に既判力が認められるかどうかについては，原則的に既判力を有するとした次の判例がある。

【判例⑫】裁判上の和解は確定判決と同一の効力を有し，既判力を有するものと解すべきである。（最大判昭33・3・5民集12巻3号381頁）

　　和解により協定された法律関係の全部に既判力を認める趣旨であるか否か，その他詳細にわたって判示されているわけではなく且その間の事情を知るに由ないから，本判決は唯裁判上の和解に原則として既判力を認めるを相当とするとの趣旨を表明したに過ぎず，既判力の認められる客観的範囲，解除条件を付し得られるか，合意解約は認められるか等種々の問題については之を留保して居るものと理解するのが妥当であろう。（判例解説昭和33年度40頁）

3　調停調書の既判力
　　調停調書に既判力が認められるかどうかについては，以下の考え方がある。
(1)　既判力肯定説
　　調停がその内容において不明，不定，不能，不法でない限り，すべての場合に調停無効の主張は既判力によって遮断されるとする。
(2)　制限的既判力説
　　調停は実体法上有効なときに限り既判力を有し，意思の欠缺など実体法上の瑕疵が存するときは，これを理由とする調停無効の主張が許されるとする。
(3)　既判力否定説
　　調停の既判力を全面的に否定し，いかなる場合にも調停無効の主張が許されるとする。
(4)　判例の立場

次の判例は，調停調書につき制限的既判力説を採用したものとみることができる。

【判例(73)】同一の原因事実に基づく場合であっても，受傷を理由とする慰謝料請求権と生命侵害を理由とする慰謝料請求権とは，被侵害権利を異にし，同一性を有しないものであり，前者について調停が成立したとしても，特別の事情のないかぎり，それが後者をも含むと解することはできない。（最1小判昭43・4・11民集22巻4号862頁，判時513号3頁，判タ219号225頁）

調停に既判力があるかどうかは，訴訟上の和解に既判力があるかどうかによってきまる。最高裁は，最高昭和33・3・5大法廷判決，民集12巻3号381頁において，裁判上の和解に既判力があることを明言した。右判決に従い和解に既判力を認める場合は，民事調停法16条の解釈上調停にも既判力を認めるべきであろう。調停に既判力が認められるとすれば，既判力は訴訟物である権利関係の存否について生ずるから，調停の対象たる請求と訴訟の対象である請求とが同一である限り，同一請求権に基づく後の訴は，訴の利益を欠くものとして棄却されることになる。従って，本件の問題は，調停の対象と本件訴訟の対象とは同一の訴訟物であるかということになる。（判例解説昭和43年度558頁）

調停において既に解決済みである法律関係について，その解決内容に反する主張をすることはできない。

【判例(74)】簡易裁判所において調停が成立した以上，原告と被告の間の雇用関係に関する権利義務関係は確定しており，本件調停において既に解決済みである法律関係についてその解決内容に反する主張をすることはできない。（東京地判平9・8・26労働判例726号95頁）

4　調停調書の記載が不明な場合と訴えの利益

和解調書，調停調書などの記載が不明曖昧な場合には，給付の訴えを提起する利益があるとするのが判例・通説である。

【判例(75)】和解調書に建物を収去すべき旨の条項があっても，建物収去のための債務名義としてその内容が明確でなく疑義があるときは，さらに建物収去の訴えを提起する利益がある。（最1小判昭42・11・30民集21巻9号2528頁，判時507号33頁，判タ216号120頁）

第2　調停調書の執行力

1　民事調停手続による債務名義

民事調停手続により成立する債務名義（民事執行法22条7号，前記145頁）は，調停調書（民調法16条），調停に代わる決定（同18条5項），調停委員会の

調停条項裁定調書（同24条の3第2項）である。

　調停調書で，賃料不払のときの制裁規定が定められている場合，賃料不払の事実は債権者の立証すべき事項ではなく，債務者において賃料支払の事実を立証すべきである。

【判例⑯】和解調書に，賃料を延滞したときは賃貸借契約を解除することができる旨の条項が定められた場合に，債務者が，賃料不払いを理由とする契約解除の効果を争って和解調書に基づく執行力の排除を求めるには，請求異議の訴えによるべきであって，執行文付与に対する異議の訴えによるべきではない。（最1小判昭41・12・15民集20巻10号2089頁，判時472号46頁，判タ202号107頁）

2　調停調書の原本の滅失と執行文付与

　調停調書の原本が滅失した場合，正本に基づいて執行文を付与することができるとされた裁判例がある。

【判例⑰】調停事件の一件記録紛失により調停調書の原本が滅失したとしても，調停調書の正本が残存する限りは，その1通を原本と同様に取り扱う等の方法を講じ，それに基づき執行力ある正本を付与することができる。（名古屋地判昭36・10・24下民集12巻10号2567頁）

第3　調停の無効

1　調停の無効

(1)　調停条項の文言の不明等による無効

ア　和解条項の文言の解釈

　和解条項の文言の解釈については，一般法律行為の解釈の基準に従って解釈すべきである。

【判例⑱】裁判上の和解の有効無効は，和解調書の文言のみに拘泥せず，一般法律行為の解釈の基準に従ってこれを判定すべきものである。（最2小判昭31・3・30民集10巻3号242頁，判タ58号68頁）

イ　調停条項の文言の解釈

　調停条項の文言の解釈についても，和解条項と同様に，一般法律行為の解釈の基準に従って解釈すべきである。

【判例⑲】調停の有効無効は，調書の文言のみに拘泥せず，一般法律行為の解釈の基準に従ってこれを判定すべきものである。（最3小判昭40・12・7裁判集民81号337頁）

ウ　目的物の不特定による無効

　調停調書の条項から，内容が不明・不定である場合には，当事者間の権

利義務を設定・確定する効力はないから無効である。

【判例⑧】建物を引続き賃貸する旨の裁判上の和解につき，和解調書に添付された
　　　　物件目録には，賃貸借の目的物の範囲として「右の1階部分の内6．6平
　　　　方メートル」という面積の記載があるのみであって，右調書の記載自体か
　　　　らは，目的物が本件建物1階部分のうち，どの部分であるか確定すること
　　　　はできないから，目的物は特定されていない。本件和解調書の記載から賃
　　　　貸借の目的物を特定することはできないから，本件和解は無効である。(東
　　　　京地判平7・10・17判時1571号95頁，判タ918号245頁)

(2)　実体法上の無効原因

　ア　公序良俗（民法90条）

　　　公序良俗とは，公の秩序又は善良の風俗のことである。

> 公の秩序又は善良の風俗に反する法律行為は，無効とする。　　（民法90条）

【判例㉛】婚姻予約に際し，不履行の場合を予想して慰謝料額を定めたからといっ
　　　　て，直ちに公序良俗に反するものではない。（最1小判昭36・3・9裁判
　　　　集民49号197頁）

【判例㉜】過払金が発生している継続的な金銭消費貸借取引に関し，借主と貸金業
　　　　者との間で特定調停手続において成立した調停であって，借主の貸金業者
　　　　に対する残債務の存在を認める旨の確認条項及び調停条項に定めるほか何
　　　　らの債権債務がないことを確認する旨のいわゆる清算条項を含むものが，
　　　　全体として公序良俗に反するものとはいえないとされた事例。（最3小判
　　　　平27・9・15裁判集民250号47頁，判時2281号98頁，判タ1418号96頁）

　イ　虚偽表示（民法94条1項）

　　　虚偽表示とは，相手方と通じて真意でない意思表示を行うことである。

> 相手方と通じてした虚偽の意思表示は，無効とする。　　　（民法94条1項）

【判例㉝】申立人と相手方の通謀虚偽表示による合意によって成立した調停に基づ
　　　　く登記は，実体的法律にそわないもので，無効である。（東京高判昭33・
　　　　12・26東高民時報9巻13号257頁）

　ウ　錯誤（民法95条）

　　　錯誤とは，表示上の効果意思に対応する内心的効果意思が存在しないこ
　　　とを表意者自身が知らないことである。

　　意思表示は，次に掲げる錯誤に基づくものであって，その錯誤が法律行為の目的及び取引上の社会通念に照らして重要なものであるときは，取り消すことができる。
一　意思表示に対応する意思を欠く錯誤
二　表意者が法律行為の基礎とした事情についてのその認識が真実に反する錯誤　　　　　　　　　　　　　　　　　　　　　　　　（民法95条1項）
　　前項第二号の規定による意思表示の取消しは，その事情が法律行為の基礎とされていることが表示されていたときに限り，することができる。（同条2項）

【判例84】建物の所有を目的とする土地の賃貸借の期間を5年と定めたことが法律上無効であるのに，錯誤によりこれを有効であると思って，該建物を収去して土地を明け渡す旨の調停をしても，右錯誤は要素の錯誤にあたらず，調停は無効とならない。（最2小判昭42・11・17裁判集民89号251頁，判時506号34頁，判タ216号118頁）

　　交通調停事件における損害賠償額の算定は，特段の事情がない限り，経験則上社会的に相当とされている算定方法によってなされることが当事者の合理的意思とされる。

【判例85】交通事故による損害賠償の調停については，損害賠償額が経験則上社会的に相当とされている算定方法に著しく反し，かつ，それが当事者の錯誤による場合でない限り，錯誤無効の主張は許されない。（名古屋地判平2・7・20交民集23巻4号909頁，判時1380号118頁，判タ748号196頁）

　　交通事故の損害賠償請求において，調停成立時に，傷害の完治の有無等につき予想ができなかった場合には，調停が無効となる場合がある。

【判例86】交通事故の被害者と加害者との間になされた調停による合意が，合意を行うにつき，その前提事実に重大な誤信があったといえるから，調停による合意は，錯誤により無効である。（大阪地判平8・9・19交民集29巻5号1389頁，判タ940号230頁）

　　株式を譲渡する旨の調停を成立させた原告らに課税される税額に関する錯誤があったことを理由とする調停無効の主張が認められなかった事例がある。

【判例87】調停手続において，株式を譲渡する旨の合意を成立させるについて，原告らの合意の動機である課税額が表示されていたものとは認められないから，原告らの錯誤は法律行為の要素の錯誤には当たらない。仮に本件調停に合意する旨の原告らの意思表示に要素の錯誤があったとしても，本件の

事実関係の下では原告らに重大な過失があるから，調停無効の主張は認められない。（東京地判平20・8・28判タ1328号114頁）

　　錯誤に基づく意思表示は，民法95条が改正された（平成29年法律第44号）ことにより，無効から取り消すことができる行為となったが，取消しの効果としては民法121条により遡及して無効とみなされるため，これまでの裁判例と同様に考えることができるだろう。

> 取り消された行為は，初めから無効であったものとみなす。　　（民法121条）

　エ　和解契約（民法695条，696条）

　　民事調停には，民法695条，696条の適用があるため，錯誤の主張が認められないことがある。

　(ア)　和解契約

> 和解は，当事者が互いに譲歩をしてその間に存する争いをやめることを約することによって，その効力を生ずる。　　　　　　　　　　　　（民法695条）

　(イ)　和解の効力

> 当事者の一方が和解によって争いの目的である権利を有するものと認められ，又は相手方がこれを有しないものと認められた場合において，その当事者の一方が従来その権利を有していなかった旨の確証又は相手方がこれを有していた旨の確証が得られたときは，その権利は，和解によってその当事者の一方に移転し，又は消滅したものとする。　　　　　　　　　　（同法696条）

　　錯誤が和解の対象となった事項自体に存するときは，民法696条によって和解契約は有効であり，同法95条による錯誤の主張は許されない。

【判例⑧】借地権の期間満了による建物収去土地明渡の調停において期限後における借地権の消滅が合意せられた以上，（旧）借地法6条の法定更新による期限後の借地権存続につき錯誤があったことを理由として右調停の効力を争うことは，民法696条により許されない。（最2小判昭36・5・26民集15巻5号1336頁）

　オ　自己株式の取得（会社法155条等）

　　自己株式の取得禁止規定（会社法155条等）に違反して行われた株式の譲渡は無効とするのが判例（最1小判平5・7・15裁判集民169号219頁，判時1519号116頁，判タ871号170頁）・通説であり，裁判上の和解による自己株式の取得においても同様である。

【判例⑧】会社が自己株式を取得することを内容とする裁判上の和解は無効である。（東京高判平11・6・30判時1694号150頁，判タ1039号219頁）

2　無効の主張方法

(1)　期日指定の申立て

当事者から調停期日指定の申立てがあれば，調停期日を定めて，調停手続において効力を判断する方法がある。

(2)　調停無効確認の訴え

ア　調停無効確認の訴えの可否

調停条項の文言の不明等（前記1(1)，162頁），実体法上の無効原因（前記1(2)，163頁），代理権の欠缺等がある場合，**調停無効確認の訴え**により調停の効力を争うことができる。

前出【判例⑧】も，調停無効確認の訴えができることを認めている。

また，民事執行法39条1項2号は，条文上も，調停無効確認の訴えができることを認めている。

強制執行は，次に掲げる文書の提出があつたときは，停止しなければならない。

二　債務名義に係る和解，認諾，調停又は労働審判の効力がないことを宣言する確定判決の正本　　　　　　　　　　　　　　　　（民事執行法39条1項2号）

イ　調停無効確認の訴えの管轄

【判例⑨】調停無効確認の訴えについては，専属管轄に関する規定はなく，一般の管轄に従う。（名古屋高金沢支判昭31・12・5下民集7巻12号3562頁）

ウ　調停無効確認の訴えの訴額

【判例⑨】債務額を合意した調停条項につき，詐欺などを理由に調停の無効確認を求める訴えの訴訟物の価格は，算定不能ではなく債務額である。（最3小判昭38・10・1裁判集民68号85頁）

(3)　請求異議の訴え

ア　請求異議の訴えの可否

調停成立についての合意に意思表示の瑕疵等の無効原因があるときは，**請求異議の訴え**（民事執行法35条1項）を起こして，調停調書による強制執行を排除することができる。

> 　債務名義に係る請求権の存在又は内容について異議のある債務者は，その債務名義による強制執行の不許を求めるために，請求異議の訴えを提起することができる。裁判以外の債務名義の成立について異議のある債務者も，同様とする。
> （民事執行法35条1項）

【判例⑨】調停は訴訟行為たる性質を有する反面，私人の間の私法上の合意たる性質をも有するから，その合意が瑕疵ある意思表示に因るものであるときは，無効乃至取り消されるべきものと解するのが相当であって，該調停調書の執行力の排除を目的とする請求異議の訴えにより，右の主張をなすことは許容されるべきである。そして調停の私法行為たる一面を考慮すれば，民事調停法16条民事訴訟法203条（注．現行の民訴法267条）の規定により，調停は確定判決と同一の効力を有する旨規定されてはいるものの，そのことから直ちに調停の無効，取消を主張しえないと断定すべきものではない。（東京高判昭38・12・19東高民時報14巻12号326頁）

イ　請求異議の訴えの管轄

　　請求異議の訴えの管轄は，原則として調停の成立した裁判所の専属管轄に属する。

【判例⑨】調停調書の執行力ある正本に基づく強制執行の排除を求める請求異議の訴えの第一審は，当該調停の成立した裁判所の専属管轄に属する。（最2小判昭31・2・24民集10巻2号139頁，判タ56号55頁）

　　ただし，簡易裁判所において成立した調停については，訴額が140万円を超えるときは，その簡易裁判所の所在地を管轄する地方裁判所の管轄に属する。

> 　第33条第2項及び前条第2項の規定は，第1項の訴えについて準用する。
> （同法35条3項）
> 　前項の訴えは，次の各号に掲げる債務名義の区分に応じ，それぞれ当該各号に定める裁判所が管轄する。
> 六　第22条第7号に掲げる債務名義のうち和解若しくは調停又は労働審判に係るもの　和解若しくは調停が成立した簡易裁判所，地方裁判所若しくは家庭裁判所（簡易裁判所において成立した和解又は調停に係る請求が簡易裁判所の管轄に属しないものであるときは，その簡易裁判所の所在地を管轄する地方裁判所）（略）（同法33条2項6号）

3　調停における合意の解除

(1)　合意の解除の可否

調停が有効に成立した後に，その調停条項を当事者が履行しない場合，調停の合意である契約を，債務不履行（民法541条以下）を理由に解除することができるとするのが判例（大判昭13・12・７民集17巻22号2285頁）・通説である。

> 当事者の一方がその債務を履行しない場合において，相手方が相当の期間を定めてその履行の催告をし，その期間内に履行がないときは，相手方は，契約の解除をすることができる。ただし，その期間を経過した時における債務の不履行がその契約及び取引上の社会通念に照らして軽微であるときは，この限りでない。
> （民法541条）

第三者の利益のためにも調停の合意がされている場合には，合意の解除ができないことがある。

【判例94】原告には調停条項に違反する行為があったものというべきであるが，調停条項は原告と被告との間だけの合意ではなく，訴外第三者の利益のためにも合意されているものであって，被告だけで調停条項の解除がなしうるものとは認め難い。（東京地判平３・11・28判タ791号246頁）

(2)　合意の解除の効果

ア　調停の場合

債務不履行により私法上の契約が解除されても，契約に基づく私法上の権利関係が消滅するだけで，調停によっていったん終了した訴訟が復活するものではない。

【判例95】調停成立後に調停の合意である契約が解除されても，調停による訴訟終了の効果に影響を及ぼさない。（最２小判昭38・９・６裁判集民67号495頁）

イ　和解の場合

同様に，訴訟上の和解成立後に「和解の内容たる私法上の契約が債務不履行のため解除されても，和解による訴訟終了の効果に影響を及ぼさない。」（最１小判昭43・２・15民集22巻２号184頁，判時513号36頁，判タ219号81頁）

第４　調停と損害賠償

１　裁判と国家賠償責任

訴訟の過程で裁判官の措置に訴訟法規の違背があったとしても，それを理由として上訴又は再審に訴えることができるのはともかく，それだけでは直ちに国家賠償責任の要件としての裁判の違法を招来するものとはいえない。

【判例(96)】裁判官がした争訟の裁判につき国家賠償法１条１項の規定にいう違法な行為があったものとして国の損害賠償責任が肯定されるためには，右裁判に上訴等の訴訟法上の救済方法によって是正されるべき瑕疵が存在するだけでは足りず，当該裁判官が違法又は不当な目的をもって裁判をしたなど，裁判官がその付与された権限の趣旨に明らかに背いてこれを行使したものと認めうるような特別の事情があることを必要とする。（最２小判昭57・３・12民集36巻３号329頁，判時1053号84頁）

２　調停と国家賠償責任

調停担当裁判官や調停委員の過失を理由に国家賠償の請求をすることは，当該調停が実質的に見て司法機関のあっせんによる紛争解決であると認めることのできない特別の事情がない限り，許されない。

【判例(97)】調停条項について別途の記載をすべきであった旨を主張して，調停担当裁判官ないし調停委員の過失を理由に国家賠償の請求をすることは，裁判官ないし調停委員が当事者に損害を加える目的で，偽計又は強迫により当該調停を成立させたなど，当該調停が実質的に見て司法機関のあっせんによる紛争解決であると認めることのできない特別の事情がない限り，許されない。（東京地判平７・２・28判タ893号139頁）

【判例(98)】調停制度の趣旨に鑑みると，調停担当裁判官や調停委員は，当該調停における手続運営について広範な裁量権を有するというべきであるから，調停担当裁判官や調停委員がした手続の違法を理由に国家賠償を請求することは，これらの者が当事者に損害を加える目的で違法な手続をした場合など，実質的に見て，当該調停手続がもはやあっせんによる紛争解決のためになされたものと認めがたいような特段の事情がない限りは，許されない。（高松地判平15・１・20訟務月報50巻３号927頁）

【判例(99)】民事調停手続において，調停委員会を組織する裁判官又は民事調停委員に国家賠償法１条１項の規定にいう違法な行為があったものとして国の損害賠償責任が肯定されるためには，当該裁判官又は民事調停委員が違法又は不当な目的を持って裁判をしたなど，裁判官又は民事調停委員がその付与された権限の趣旨に明らかに背いてこれを行使したものと認め得るような特別の事情があることを必要とする。裁判官又は民事調停委員による誠実な判断とは認められないような不合理な調停を成立させ又は17条決定をしたことは，上記「特別の事情」に当たる。（本件では，「特別の事情」があるとまでは認められないとして，損害賠償請求を棄却した。）（東京地判平18・３・24判タ1266号156頁）

第5 調停の効力の時的限界

1 調停の効力の基準時

調停の効力の基準時は，調停の成立のときである。調停に代わる決定では確定のとき，調停条項の裁定では裁定のときである。

2 事情変更の原則の適用

(1) 事情変更の原則の意義

事情変更の原則とは，契約はその当時の社会的事情を基礎として締結されるものであるから，信義則の見地から，その社会的事情に変化があれば，契約は拘束力を失うという原則をいう。

信義則は，相手方の信頼を裏切ることのないように誠実に行動すべきであるという原則である。**信義誠実の原則**ともいう。

> 権利の行使及び義務の履行は，信義に従い誠実に行わなければならない。
>
> （民法1条2項）

(2) 適用のための要件

事情変更の原則が適用されるためには，次の要件が必要である。

ア 当事者が予見せず，また，予見しえない著しい事情の変更を生じたこと
イ 事情変更が当事者の責に帰すべからざる事由によって生じたこと
ウ 契約内容に当事者を拘束することが信義則に反した結果になること

(3) 判例

後記【判例⑬】（190頁）は，事情変更の原則を適用した判例である。

3 調停契約の更新

調停によって成立した私法上の契約が更新された場合，更新前の契約について作成された調停調書の効力は，更新後の契約に及ぶだろうか。

例えば，調停によって家屋賃貸借契約が成立し，その後に家屋賃貸借契約が法定更新された場合，賃料不払による契約解除に基づく明渡請求は，調停調書を債務名義として強制執行できるであろうか。

更新後の契約は更新前の契約とは別個のものであるから，原則として調停調書の債務名義の執行力は及ばないと解すべきであろう。

【判例⑩】調停に定める賃貸借契約が更新され期間の定のない賃貸借契約として存続するに至ったとしても，調停調書に基づく債務名義が更新されて延長するものと解すべきではない。法律に別段の根拠のない以上私法上の賃貸借契約の更新による存続と公法関係たる債務名義の存続期間の延長とは性質上同質のものとは解せられないし，また必然的に表裏一体の効力を存続す

ると解すべき理由がないからである。（東京地判昭35・10・29判タ111号105頁）

【判例⑩】裁判上の和解により期間の定めある建物賃貸借がなされ，右調書に「契約解除の場合は，賃借人は賃貸人に目的建物を明け渡す。」旨の条項が記載されていても，右条項は，該賃貸借更新後の賃貸借の契約解除によっては建物明渡しの債務名義たりえない。（広島地判昭41・6・6下民集17巻5～6号484頁，判時462号46頁，判タ194号158頁）

　　ただし，当事者が明らかにこれと異なる特約を調停条項に定めた場合は，調停調書の執行力が及ぶことになる。

第6　調停の内容の履行

1　強制執行の実施

> 強制執行は，執行文の付された債務名義の正本に基づいて実施する。
> （民事執行法25条本文）

　　債務名義とは，強制執行によって実現される請求権の存在・範囲を証明する公の文書である。（民事執行法22条，前記145頁）

　　債権者が，調停調書等により強制執行の申立てをするためには，あらかじめ執行文の付与を受けておかなければならない。

2　執行文の付与

(1)　執行文付与機関

　　執行文は，裁判所等への申立てにより，裁判所書記官等が付与する。

> 執行文は，申立てにより，執行証書以外の債務名義については事件の記録の存する裁判所の裁判所書記官が，執行証書についてはその原本を保存する公証人が付与する。
> （民事執行法26条1項）

(2)　執行文の形式

> 執行文の付与は，債権者が債務者に対しその債務名義により強制執行をすることができる場合に，その旨を債務名義の正本の末尾に付記する方法により行う。
> （同条2項）

　　債務名義の正本の末尾に，「債権者○○は債務者○○に対しこの債務名義により強制執行をすることができる。」と記載される。

3　債務名義等の送達

　調停調書等に基づき強制執行をするには，債務名義となる調停調書等の正本又は謄本を，執行開始前又は執行開始と同時に，債務者に送達しなければならない。

> 　強制執行は，債務名義又は確定により債務名義となるべき裁判の正本又は謄本が，あらかじめ，又は同時に，債務者に送達されたときに限り，開始することができる。第27条の規定により執行文が付与された場合においては，執行文及び同条の規定により債権者が提出した文書の謄本も，あらかじめ，又は同時に，送達されなければならない。　　　　　　　　　　　　　（民事執行法29条）

4　強制執行の申立て

　強制執行の申立てをするには，強制執行の申立書，執行文の付与された調停調書正本，調停調書正本の送達証明書等を執行裁判所に提出する。

5　調停調書による登記手続

　調停調書は，確定判決と同一の効力を有している（前記160頁）ので，調停調書に登記手続をする旨の条項がある場合には，調停調書により，単独で登記申請をすることができる。

> 　第60条，第65条又は第89条第1項の規定にかかわらず，これらの規定により申請を共同してしなければならない者の一方に登記手続をすべきことを命ずる確定判決による登記は，当該申請を共同してしなければならない者の他方が単独で申請することができる。　　　　　　　　　　　　（不動産登記法63条1項）

第2編　事件種類別の特則

第1章　宅地建物調停事件

第1　宅地建物調停事件
1　宅地建物調停事件の意義

> 　宅地又は建物の貸借その他の利用関係の紛争に関する調停事件は，紛争の目的である宅地若しくは建物の所在地を管轄する簡易裁判所又は当事者が合意で定めるその所在地を管轄する地方裁判所の管轄とする。　　　　　（民調法24条）

　宅地建物調停事件は，宅地又は建物の貸借その他の利用関係の紛争に関する調停事件である。具体的には，賃貸借，使用貸借，地上権，地役権，占有権，相隣関係等の紛争に関する調停事件である。宅地や建物の所有権の存否の争いは，民事一般調停事件であって，宅地建物調停事件には含まれない。

　事件記録符号は㋴である。

2　宅地
　宅地とは，建物の所有の目的に供せられる土地である。

3　建物
　建物とは，宅地に定着し，周壁・屋蓋を有し，住居・営業などの用に供することができる永続性ある建物で，独立の不動産として登記をすることができる物である。

　何を建物とするかは社会通念によって定められる。

【判例⑩】借地法にいわゆる建物とは，一般通念に従ってその意義を定むべきで，家屋台帳等公の帳簿に記載され課税の対象となっているものだけに限るものと解すべきではない。（最1小判昭28・12・24民集7巻13号1633頁，判時18号11頁，判タ37号47頁）

【判例⑩】建物の一部であっても，障壁等によって他の部分と区画され，独占的排他的支配が可能な構造・規模を有するものは，借家法1条にいう建物にあたる。（最2小判昭42・6・2民集21巻6号1433頁，判時488号62頁，判タ209号133頁）

4　貸借その他の利用関係
　貸借とは，宅地や建物の賃貸借又は使用貸借であり，その他の利用関係とは，地上権，地役権，占有権等に基づく利用関係をいう。

5　利用関係の紛争
　利用関係の紛争とは，宅地や建物の利用権の有無・帰属・態様・期限等に関

する紛争や，利用の対価である地代や家賃の額・支払方法・立退料・更新料等に関する紛争である。

第2　宅地建物調停事件の特別管轄

　　宅地建物調停事件の管轄裁判所は，紛争の目的である宅地若しくは建物の所在地を管轄する簡易裁判所又は当事者が合意で定めるその所在地を管轄する地方裁判所である。

　　宅地建物調停事件を適切に処理するためには，紛争の対象である宅地や建物の利用状況等が明らかにされる必要があるため，その実情を把握しやすいように，宅地又は建物の所在地を管轄する簡易裁判所が管轄裁判所とされている。

第3　地代借賃増減請求事件の調停の前置

1　調停前置主義

> 　借地借家法（平成3年法律第90号）第11条の地代若しくは土地の借賃の額の増減の請求又は同法第32条の建物の借賃の額の増減の請求に関する事件について訴えを提起しようとする者は，まず調停の申立てをしなければならない。
>
> 　　　　　　　　　　　　　　　　　　　　　（民調法24条の2第1項）

　(1)　調停前置主義の意義

　　　調停前置主義とは，一定の範囲の事件では，訴えを提起しようとする者はまず調停の申立てをしなければならないとするものである。

　　　借地借家法11条の地代等の増減請求又は同法32条の建物の借賃の増減請求に関する事件については，調停前置主義がとられている。

　　　これらの事件については，賃貸借契約という継続的な法律関係にある当事者間の利害関係の調整が必要であることから，判決による判断よりも，当事者間の互譲による合意に基づいて円満に解決されることが望ましいと考えられる。

　(2)　地代等増減請求

> 　地代又は土地の借賃が，土地に対する租税その他の公課の増減により，土地の価格の上昇若しくは低下その他の経済事情の変動により，又は近傍類似の土地の地代等に比較して不相当となったときは，契約の条件にかかわらず，当事者は，将来に向かって地代等の額の増減を請求することができる。ただし，一定の期間地代等を増額しない旨の特約がある場合には，その定めに従う。
>
> 　　　　　　　　　　　　　　　　　　　　　　（借地借家法11条1項）

　　ア　地代等増減額請求権

　　地代等の額については，契約自由の原則により，当事者の合意によって
自由に定めることができる。
　　しかしながら，契約で地代（地上権者が支払うべき対価）又は土地の借
賃（賃借人が支払うべき対価）を定めていても，事情の変化により，地代
又は土地の借賃の額が不相当になった場合は，当事者は，地代等の額の増
減を請求することができる。

【判例⑭】賃借人の供託した賃料額が，後日裁判で確認された額の約5．3分の1
　　ないし約3．6分の1であり，同人において隣地の賃料に比べはるかに低
　　額であることを知っていた場合であっても，右額が従前賃料額を下回ら
　　ず，かつ，同人が主観的に相当と認める額であるときは，右供託賃料額は，
　　賃借人が賃借土地に係る公租公課の額を下回ることを知っていたなどの事
　　情のない限り，借地法12条2項の相当賃料と認められる。（最1小判平
　　5・2・18裁判集民167号129頁，判時1456号96頁，判タ816号189頁）

【判例⑮】第三者所有地及び賃貸人所有地を目的とする賃貸借の賃料増額請求につ
　　き当事者間に協議が調わず，賃借人が請求額に満たない額を賃料として支
　　払う場合において，賃借人が自らの支払額が賃貸人において負担すべき右
　　第三者所有地の賃料の額及び賃貸人所有地の公租公課の額の合計額を下回
　　ることを知っていたときは，賃借人が右支払額を主観的に相当と認めてい
　　たとしても，特段の事情のない限り，借地法12条2項にいう相当賃料を支
　　払ったことにはならない。（最2小判平8・7・12民集50巻7号1876頁，
　　判時1579号77頁，判タ922号212頁）

　イ　地代等不増額の特約
　　地代等の改定に関する特約は，地代等の改定をめぐって当事者間に紛争
　が生じることを防止するものであるから，契約自由の原則により認められ
　る。
　　一定期間地代等を増額しない旨の特約がある場合には，事情の変化によ
　り，地代等の額が不相当になっても，地代等の増額請求をすることができ
　ない。
　㋐　地代等自動改定特約と借地借家法11条1項

【判例⑯】地代等自動改定特約において，地代等の改定基準を定めるに当たって基
　　礎とされていた事情が失われることにより，同特約によって地代等の額を
　　定めることが借地借家法11条1項の規定の趣旨に照らして不相当なものと
　　なった場合には，同特約の適用を争う当事者は，同特約に拘束されず，同
　　項に基づく地代等増減請求権の行使を妨げられない。（最1小判平15・

6・12民集57巻6号595頁，判時1826号47頁，判タ1126号106頁）

　　(ｲ)　賃料不減額特約と借地借家法11条1項

　　　　借地借家法11条1項は強行規定であるから，賃料を減額しない旨の特約によって，その適用を排除することはできない。

【判例⑩】建物の所有を目的とする土地の賃貸借契約において，3年ごとに賃料の改定を行うものとし，改定後の賃料は，従前の賃料に消費者物価指数の変動率を乗じ，公租公課の増減額を加算又は控除した額とするが，消費者物価指数が下降してもそれに応じて賃料の減額をすることはない旨の特約が存する場合であっても，上記契約の当事者は，そのことにより借地借家法11条1項に基づく賃料減額請求権の行使を妨げられるものではない。（最3小判平16・6・29裁判集民214号595頁，判時1868号52頁，判タ1159号127頁）

　　(3)　借賃増減請求

　建物の借賃が，土地若しくは建物に対する租税その他の負担の増減により，土地若しくは建物の価格の上昇若しくは低下その他の経済事情の変動により，又は近傍同種の建物の借賃に比較して不相当となったときは，契約の条件にかかわらず，当事者は，将来に向かって建物の借賃の額の増減を請求することができる。ただし，一定の期間建物の借賃を増額しない旨の特約がある場合には，その定めに従う。　　　　　　　　　　　　　　　　　（借地借家法32条1項）

　　　　調停前置の対象となるのは，家賃の額の増減請求の争いに限られ，当事者がどのような額で合意したかという事実の有無についての争いは含まれない。

2　受訴裁判所による付調停

　前項の事件について調停の申立てをすることなく訴えを提起した場合には，受訴裁判所は，その事件を調停に付さなければならない。ただし，受訴裁判所が事件を調停に付することを適当でないと認めるときは，この限りでない。　　　　　　　　　　　　　　　　　　　　　　（民調法24条の2第2項）

---

　　(1)　調停申立てを経ない訴えの提起

　　　ア　調停不成立証明書の提出

　　　　　調停前置の適用がある事件について訴えを提起する場合，実務では，調停不成立証明書を提出させている。

　　　イ　調停申立てを経ない訴え

　　調停前置は訴訟要件（原告がその請求につき実質的な審判を受けるために必要な要件）ではないから，調停前置の適用がある事件について調停の申立てをすることなく訴えを提起した場合でも，不適法とはいえない。

　　しかし，民調法24条の２第２項の規定（必要的職権調停）は，同法20条１項の規定（89頁，任意的職権調停）の特則であるから，必要的職権調停に付する場合にも20条１項の規定が適用され，事件を調停に付した上，管轄裁判所に処理させ又は受訴裁判所自ら処理することができる。

(2)　調停前置主義の例外

　　受訴裁判所が事件を調停に付することが適当でない場合とは，長期にわたって地代の紛争があり調停成立の見込みがない場合や，都市再生機構の賃貸住宅など家賃の決定が集団的かつ画一的に行われるべき場合等である。

第4　調停条項の裁定

　　宅地建物調停事件のうちの地代借賃増減調停事件，商事調停事件，鉱害調停事件において，調停委員会は，当事者間に合意が成立する見込みがない場合又は成立した合意が相当でないと認める場合であり，かつ，当事者間に調停委員会の定める調停条項に服する旨の書面による合意があるときは，申立てにより，事件の解決のために適当な調停条項を定めることができる。

1　地代借賃増減調停事件について調停委員会が定める調停条項

　　前条第１項の請求に係る調停事件については，調停委員会は，当事者間に合意が成立する見込みがない場合又は成立した合意が相当でないと認める場合において，当事者間に調停委員会の定める調停条項に服する旨の書面による合意（当該調停事件に係る調停の申立ての後にされたものに限る。）があるときは，申立てにより，事件の解決のために適当な調停条項を定めることができる。

（民調法24条の３第１項）

　　当事者間の，調停委員会の定める調停条項に服する旨の合意は，書面によって明らかにされていることが必要である。

2　当事者の審尋

　　調停委員会は，法24条の３第１項の規定により調停条項を定めようとするときは，当事者を審尋しなければならない。　　　　　　（民調規則27条）

(1)　審尋の意義

　　審尋とは，口頭弁論を開かずに，当事者その他の関係人に，個別的に書面又は口頭で陳述の機会を与えることをいう。

(2) 必要的審尋

民調規則27条の当事者の審尋は，必要的審尋である。

審尋が必要的とされているのは，調停条項の裁定に対しては不服申立てができず，その内容で当事者間に調停が成立したとみなされるため，調停条項を定めるにあたって慎重を期する必要があるからである。

当事者の審尋においては，調停委員会の裁定に服する旨の合意を真意に基づいて行ったかどうかを確認し，調停条項案に対する希望や意見を聴いて，調停条項を定める際の参考にする。

3 調停委員会が定める調停条項の効力

前項の調停条項を調書に記載したときは，調停が成立したものとみなし，その記載は，裁判上の和解と同一の効力を有する。 （民調法24条の3第2項）

調停条項が定められ，これが調書に記載されると，調停が成立したものとみなされ，その調書の記載には，調停調書（民調法16条，前記147頁）と同様に，裁判上の和解と同一の効力が与えられる。

第 2 章　農事調停事件

第 1　農事調停事件

1　農事調停事件の意義

> 農地又は農業経営に付随する土地，建物その他の農業用資産（以下「農地等」という。）の貸借その他の利用関係の紛争に関する調停事件については，前章に定めるもののほか，この節の定めるところによる。　　　　　（民調法25条）

　　農事調停事件は，農地又は農業経営に付随する土地，建物その他の農業用資産の貸借その他の利用関係の紛争に関する調停事件である。事件記録符号は㈜である。

　　農事調停においては，小作官，小作主事，農業委員会等の行政機関の協力や関与が手続的に保障されており，適正な紛争解決がはかられる。

2　農地

　　農地とは，耕作の目的に供される土地をいう。農地法上の農地と同義である。農地に該当するか否かの判断は，土地の客観的事実状態によって決すべきである。宅地を家庭菜園として耕作していても，農地には当たらない。

【判例⑱】単に一時的に耕作の用に供されているにすぎないときは，農地とはいえない。（最 2 小判昭33・10・24民集12巻14号3213頁，判時165号23頁）

【判例⑲】現に耕作の目的に供されている土地であっても，土地の不法占拠者が所有者に無断で山林，原野等を不法に開墾したような場合には，農地法にいう農地に当たらない。（最 3 小判昭40・10・19民集19巻 7 号1827頁，判時430号32頁，判タ184号124頁）

3　農業経営に付随する土地，建物

　　採草放牧地，農産物の貯蔵や農機具の格納のための建物，温室栽培施設等がこれに該当する。

4　利用関係の紛争

(1)　所有関係の紛争

　　農地の所有関係の紛争に関する調停事件は，農事調停事件ではない。

【判例⑩】民事調停法上農事調停の手続によることが要求されるのは，農地等の利用関係の紛争に関する調停の場合のみであって，農地の所有関係の紛争に関する調停事件は，農事調停の手続によることを要するものではない。（最 2 小判昭50・ 6 ・27裁判集民115号217頁）

　　　農地に関する紛争が宅地建物調停事件として処理された場合でも，そのことから直ちに，成立した調停が無効であるとはいえない。

【判例⑪】農地に関する紛争を宅地建物調停に付したとしても，成立した調停がその内容において農地法その他の強行法規に違反するものでないことは明らかで，裁判所が宅地建物調停事件として処理し，農事調停に関する手続を履践しなかったからといって，そのことから直ちに調停を無効のものということはできない。（最1小判昭42・1・26裁判集民86号141頁）

　(2)　農地の賃貸借の存続期間

　　　農地の賃貸借の存続期間については，従前は，民法では20年以内，農地法では50年までとされていたが，民法改正（平成29年法律第44号）によって，民法でも50年以内とされたため，農地法19条は削除された（平成29年法律第45号）。

　　　賃貸借の存続期間は，50年を超えることができない。契約でこれより長い期間を定めたときであっても，その期間は，50年とする。　　（民法604条1項）

　　　農地又は採草放牧地の賃貸借についての民法第604条（賃貸借の存続期間）の規定の適用については，同条中「20年」とあるのは，「50年」とする。

　　　　　　　　　　　　　　　　　　　　　　　　　　　（削除された農地法19条）

5　農地法による許可

　　　民調法25条以下の農事調停において，農地等の所有権の移転等が行われた場合は，農業委員会の許可を受けることなくその効力を生じる。したがって，農事調停の手続を利用すれば，農地法上の許可手続を経ることなく，紛争を解決することができる。

　(1)　農地等の権利移動の制限

　　　農地又は採草放牧地について所有権を移転し，又は地上権，永小作権，質権，使用貸借による権利，賃借権若しくはその他の使用及び収益を目的とする権利を設定し，若しくは移転する場合には，政令で定めるところにより，当事者が農業委員会の許可を受けなければならない。ただし，次の各号のいずれかに該当する場合及び第5条第1項本文に規定する場合は，この限りでない。

　十　民事調停法による農事調停によつてこれらの権利が設定され，又は移転される場合　　　　　　　　　　　　　　　　　　　　　　　（農地法3条1項10号）

【判例⑫】農地の所有権移転が家事調停による場合には，農地法3条1項所定の民事調停法による農事調停によった場合と同視できないから，これにつき知

事の許可を要する。（最 3 小判昭37・5・29民集16巻 5 号1204頁，判時301
号22頁，判タ141号71頁）

(2)　農地等の賃貸借の合意解約

農地又は採草放牧地の賃貸借の当事者は，政令で定めるところにより都道府
県知事の許可を受けなければ，賃貸借の解除をし，解約の申入れをし，合意に
よる解約をし，又は賃貸借の更新をしない旨の通知をしてはならない。ただ
し，次の各号のいずれかに該当する場合は，この限りでない。

二　合意による解約がその解約によつて農地若しくは採草放牧地を引き渡すこ
ととなる期限前 6 月以内に成立した合意でその旨が書面において明らかであ
るものに基づいて行われる場合又は民事調停法による農事調停によつて行わ
れる場合　　　　　　　　　　　　　　　　　　　　　（同法18条 1 項 2 号）

第2　農事調停事件の特別管轄

前条の調停事件は，紛争の目的である農地等の所在地を管轄する地方裁判所
又は当事者が合意で定めるその所在地を管轄する簡易裁判所の管轄とする。

　　　　　　　　　　　　　　　　　　　　　　　　　　　（民調法26条）

農事調停事件の管轄裁判所は，紛争の目的である農地等の所在地を管轄する
地方裁判所又は当事者が合意で定めるその所在地を管轄する簡易裁判所であ
る。

農事の紛争は争いの深刻なものがあることなどの理由により，原則として地
方裁判所の管轄とし，当事者の合意があるときに限り簡易裁判所の管轄として
いる。

第3　小作官等に対する事件受理等の通知

裁判所が調停の申立てを受けたときは，裁判所書記官は，小作官又は小作主
事に対し，遅滞なく，その旨を通知しなければならない。ただし，法第 4 条第
1 項本文又は第 2 項の規定により事件を移送する場合は，この限りでない。

　　　　　　　　　　　　　　　　　　　　　　　　　（民調規則28条 1 項）

1　小作官

小作官は，農林水産省及び地方農政局に置かれ，小作関係その他農地の利用
関係の争議の調停に関する事務を行う国家公務員である。

2　小作主事

小作主事は，都道府県に置かれ，農事調停等の事務を行う。

実務上，農事調停に小作官が立ち会うことは稀であり，ほとんどの場合小作主事が関与することでまかなわれている。

3 受理通知の方法

受理通知は，申立書の写し（訴訟事件を職権で調停に付した場合は訴状の写し）を添付して，受理年月日，当事者の表示等を記載した通知書によってする。

小作官又は小作主事に対する事件受理等の通知費用は，国庫負担である。(昭27.2.4会甲第99号経理・民事局長通知「民事調停に関する費用の取扱について」)

前項本文の規定は，裁判所が事件の移送を受け若しくは法第20条第1項（同条第4項において準用する場合を含む。）の規定により事件を受理したとき，又は受訴裁判所が同条第1項の規定により若しくは非訟事件が係属している裁判所が同条第4項において準用する同条第1項の規定により事件を調停に付した上自ら処理することとしたときに準用する。　　　　　　（民調規則28条2項）

第4 小作官等の意見陳述と意見聴取

1 意見陳述

小作官又は小作主事は，調停手続の期日に出席し，又は調停手続の期日外において，調停委員会に対して意見を述べることができる。　　（民調法27条）

---

2 意見聴取

調停委員会は，調停をしようとするときは，小作官又は小作主事の意見を聴かなければならない。　　　　　　　　　　　　　　　　　（同28条）

第5 農事調停と農業委員会

1 和解の仲介

調停委員会は，紛争の実情により適当であると認めるときは，いつでも，農業委員会に和解の仲介をさせることができる。　　（民調規則29条1項）

前条第1項本文の規定は，前項の規定により和解の仲介をさせるときに準用する。　　　　　　　　　　　　　　　　　　　　　　（同条2項）

農業委員会の和解の仲介の結果合意が成立しても，調停手続は当然に終了するものではなく，合意の内容が調停調書に記載されなければ，裁判上の和解と同一の効力（民調法16条，147頁）が与えられることもない。

2　紛争経過陳述

> 　農業委員会は，調停委員会に対し，紛争の経過について陳述することができる。　　　　　　　　　　　　　　　　　　　　　　　　　　（同30条）

　　農地等をめぐる紛争については，農事調停の申立てがされる前に，農業委員会による和解の仲介が行われていることがあるので，農業政策上の意見を反映させるため，調停委員会に対し紛争の実情を陳述する権限が認められている。

3　意見聴取

> 　調停委員会は，必要があると認めるときは，農業委員会その他適当であると認める者に対し，意見を求めることができる。　　　　　　　　　（同31条）

第6　裁判官の調停への準用

1　民調法の準用

> 　前 2 条の規定は，裁判官だけで調停を行う場合に準用する。（民調法29条）

2　民調規則の準用

> 　前 3 条の規定は，裁判官だけで調停を行う場合に準用する。（民調規則32条）

第7　移送等への準用

> 　第28条の規定は，裁判所が，第 4 条第 1 項ただし書若しくは第 3 項の規定により事件を移送し若しくは自ら処理しようとし，又は第17条の決定をしようとする場合に準用する。　　　　　　　　　　　　　　　　　　（民調法30条）

第8　小作官等に対する事件終了等の通知

> 　事件が終了したとき，又は法第18条第 4 項の規定により決定が効力を失ったときは，裁判所書記官は，小作官又は小作主事に対し，遅滞なく，その旨を通知しなければならない。　　　　　　　　　　　　　　　　　　（民調規則33条）

第3章　商事調停事件

第1　商事調停事件

1　商事調停事件の意義

商事調停事件は，商事の紛争に関する調停事件である。事件記録符号は㋱である。

2　商事調停事件の対象

（1）　商事

商事とは，実質的意義における商法（商法，会社法，手形法，小切手法等）の適用を受ける事項をいう。

（2）　商行為

ア　**絶対的商行為**（商法501条）

同条に規定する絶対的商行為に属する事項は，（行為の主体が商人かどうかを問わず，また営業としてされたかどうかに関わりなく，）行為そのものによって商事となる。

イ　**営業的商行為**（商法502条）

同条に規定する営業的商行為に属する事項は，（相対的商行為として，）営業として反復継続してされることにより商事となる。

ウ　**附属的商行為**（商法503条）

同条の規定により，商人がその営業のためにする行為は商事となる。

第2　調停委員会の調停条項の裁定

商事の紛争は，時間と労力を要する訴訟での解決よりも，仲裁的方法による迅速な解決が望ましい。そこで商事調停事件については，調停委員会が定める調停条項の裁定により事件を解決することができる。

> 第24条の3の規定は，商事の紛争に関する調停事件に準用する。
>
> （民調法31条）

商行為に基づく売掛代金や手形金の請求については，民事一般調停事件として受理されることがあるが，調停条項の裁定手続を利用するためには，商事調停事件として立件しておく方がよいといえる。

第3　宅地建物調停に関する規定の準用

> 第27条の規定は，商事調停事件に準用する。　　　　（民調規則34条）

第4章　鉱害調停事件

第1　鉱害調停事件

1　鉱害調停事件の意義

> 　鉱業法（昭和25年法律第289号）に定める鉱害の賠償の紛争に関する調停事件は，損害の発生地を管轄する地方裁判所の管轄とする。　　　（民調法32条）

　　鉱害調停事件は，鉱業法に定める鉱害の賠償の紛争に関する調停事件である。事件記録符号は㋜である。

2　鉱業法に定める鉱害

　　鉱業法に定める**鉱害**は，鉱物の掘採のための土地の掘さく等によって他人に与えた損害をいう。

> 　鉱物の掘採のための土地の掘さく，坑水若しくは廃水の放流，捨石若しくは鉱さいのたい積又は鉱煙の排出によつて他人に損害を与えたときは，損害の発生の時における当該鉱区の鉱業権者が，損害の発生の時既に鉱業権が消滅しているときは，鉱業権の消滅の時における当該鉱区の鉱業権者が，その損害を賠償する責に任ずる。　　　（鉱業法109条1項）

3　賠償

　　賠償の方法は，金銭による損害賠償又は原状回復である。

> 　損害は，公正且つ適切に賠償されなければならない。　　（同法111条1項）
> 　損害の賠償は，金銭をもつてする。但し，賠償金額に比して著しく多額の費用を要しないで原状の回復をすることができるときは，被害者は，原状の回復を請求することができる。　　　（同条2項）
> 　賠償義務者の申立があつた場合において，裁判所が適当であると認めるときは，前項の規定にかかわらず，金銭をもつてする賠償に代えて原状の回復を命ずることができる。　　　（同条3項）

第2　鉱害調停事件の特別管轄

　　鉱害調停事件の管轄裁判所は，損害の発生地を管轄する地方裁判所である。
　　鉱害調停事件の管轄は，専属管轄であり，合意管轄は認められない。

第3　農事調停等に関する規定の準用

1　民調法の規定の準用

> 　第24条の３及び第27条から第30条までの規定は，前条の調停事件に準用する。この場合において，第27条及び第28条中「小作官又は小作主事」とあるのは，「経済産業局長」と読み替えるものとする。　　　　　　（民調法33条）

　　鉱害の賠償の紛争に関する調停事件は損害賠償だけではなく，鉱山企業の維持等に関する経済政策的見地との調整を考慮する必要があるので，各地方における所管行政庁の長である経済産業局長に意見陳述の機会を与えることとされている。

2　民調規則の規定の準用

> 　第一節及び第一節の二の規定は，鉱害調停事件に準用する。この場合において，「小作官又は小作主事」とあり，及び「農業委員会」とあるのは，「経済産業局長」と読み替えるものとする。　　　　　　（民調規則35条）

第4　小作官等の意見陳述

> 　小作官又は小作主事は，調停の目的となった紛争が農地その他の農業用資産の利用関係に関連する場合においては，調停委員会に対し，意見を述べることができる。　　　　　　（同36条１項）

　　鉱害調停事件において，調停の目的となった紛争が農地等の利用関係に関連する場合には，小作官等は，調停委員会に対して意見を述べることができる。

第5　裁判官の調停への準用

> 　前項の規定は，裁判官だけで調停を行う場合に準用する。　　（同条２項）

第5章　交通調停事件

第1　交通調停事件

1　交通調停事件の意義

> 自動車の運行によって人の生命又は身体が害された場合における損害賠償の紛争に関する調停事件は，第3条に規定する裁判所のほか，損害賠償を請求する者の住所又は居所の所在地を管轄する簡易裁判所の管轄とする。
>
> （民調法33条の2）

交通調停事件は，自動車の運行によって人の生命又は身体が害された場合における損害賠償の紛争に関する調停事件である。事件記録符号は㋤である。

2　交通調停事件の対象

交通調停事件の対象は，自動車の運行による人損（人的損害，人の生命又は身体が害された場合の損害）に限る。列車，船舶，飛行機の運行による場合は含まれず，自動車の運行による場合でも物損（物的損害，財産的損害）だけの損害賠償は含まれない。物損だけの損害賠償は，一般民事調停事件になる。

人損と物損を併せて損害賠償請求をするときは，交通調停事件として扱う。

3　自動車の運行

自動車の運行については，自動車損害賠償保障法2条の定義と同意義である。

運行とは，人又は物を運送するとしないとにかかわらず，自動車を当該装置の用い方に従い用いることである。

> この法律で「自動車」とは，道路運送車両法第2条第2項に規定する自動車（農耕作業の用に供することを目的として製作した小型特殊自動車を除く。）及び同条第3項に規定する原動機付自転車をいう。
>
> （自動車損害賠償保障法2条1項）
>
> この法律で「運行」とは，人又は物を運送するとしないとにかかわらず，自動車を当該装置の用い方に従い用いることをいう。　（同条2項）

第2　交通調停事件の特別管轄

交通調停事件の管轄裁判所は，民調法3条に規定する裁判所のほか，損害賠償を請求する者の住所又は居所の所在地を管轄する簡易裁判所である。

第3　予想しなかった後遺症の発生

交通事故において，加害者が損害賠償として一定額の支払いを約するととも

に，被害者がそれ以上の賠償については事後加害者に一切の請求をしないという示談が，加害者と被害者との間に行われることがあるが，示談当時予想しなかった後遺症が発生した場合には，後日その損害の賠償を請求することができる。

【判例⑬】交通事故による全損害を正確に把握し難い状況のもとにおいて，早急に，小額の賠償金をもって示談がされた場合においては，右示談によって被害者が放棄した損害賠償請求は，示談当時予想していた損害についてのみと解すべきであって，その当時予想できなかった後遺症等については，被害者は，後日その損害の賠償を請求することができる。(最2小判昭43・3・15民集22巻3号587頁，判時511号20頁，判タ218号125頁)

第4　保険会社の支払基準と損害賠償額

自動車損害賠償保障法16条1項に基づいて被害者が保険会社に対して損害賠償額の支払を請求する訴訟において，裁判所は，同法16条の3第1項が規定する支払基準によることなく損害賠償額を算定して支払を命じることができる。

【判例⑭】自動車損害賠償保障法16条の3第1項の規定内容からすると，同項が，保険会社に，支払基準に従って保険金等を支払うことを義務付けた規定であることは明らかであって，支払基準が保険会社以外の者も拘束する旨を規定したものと解することはできない。支払基準は，保険会社が訴訟外で保険金等を支払う場合に従うべき基準にすぎないものというべきである。

(最1小判平18・3・30民集60巻3号1242頁，判時1928号36頁，判タ1207号70頁)

第6章　公害等調停事件

第1　公害等調停事件
1　公害等調停事件の意義

> 公害又は日照，通風等の生活上の利益の侵害により生ずる被害に係る紛争に関する調停事件は，第3条に規定する裁判所のほか，損害の発生地又は損害が発生するおそれのある地を管轄する簡易裁判所の管轄とする。
>
> （民調法33条の3）

　　公害等調停事件は，公害又は日照，通風等の生活上の利益の侵害により生ずる被害に係る紛争に関する調停事件である。事件記録符号は㋐である。

2　公害等調停事件の例

　　事業活動その他の人の活動に伴って生じる相当範囲にわたる大気の汚染，水質の汚濁，騒音，振動等による人の健康又は生活環境に対する被害，建築等に伴う日照，通風等の阻害，工事等に伴う騒音，振動，地盤沈下等による生活利益の侵害により生じる被害に係る紛争がある。

　　「居宅の日照，通風は，快適で健康な生活に必要な生活利益であって，法的な保護の対象にならないものではなく，南側隣家の2階増築が，北側居宅の日照，通風を妨げた場合において，右増築が，建築基準法等に違反してなされたものであり，被害者において日照，通風をいちじるしく妨げられ，その受けた損害が，社会生活上一般に忍容するのを相当とする程度を越えるものであるなど判示の事情があるときは，右増築行為は，社会通念上妥当な権利行使としての範囲を逸脱し，不法行為の責任を生ぜしめる。（最3小判昭47・6・27民集26巻5号1067頁，判時669号26頁，判タ278号110頁）

3　当事者

【判例⑮】公害調停申請における申請人及び相手方は，民事訴訟上の当事者能力を有する者でなければならない。（横浜地判平11・2・24判例地方自治199号70頁）

第2　公害等調停事件の特別管轄

　　公害等調停事件の管轄裁判所は，民調法3条に規定する裁判所のほか，損害の発生地又は損害が発生するおそれのある地を管轄する簡易裁判所である。

第3　代表当事者の選任等
1　代表当事者の選任

> 共同の利益を有する多数の当事者は，その中から，1人又は数人の代表当事者を選任することができる。　　　　　　　　　　（民調規則37条1項）

　　代表当事者を選任しても，選任者は調停手続から脱退して当事者の地位を失うということはない。

　　代表当事者が選任されているときは，調停期日には代表当事者だけが出頭すれば足りる。

2　代表当事者の権限

> 代表当事者は，これを選任した当事者のために，調停条項案の受諾，調停の申立ての取下げ，法第17条の決定に係る行為及び代理人の選任を除き，各自調停手続に関する一切の行為をすることができる。　　　　　　（同条2項）

　　代表当事者には，調停条項案の受諾，調停の申立ての取下げ等の権限がないから，調停期日にこれらの行為が行われる場合には，代理人がない限り，当事者の全員を出頭させなければならない。

3　代表当事者の選任の証明

> 代表当事者の選任は，書面で証明しなければならない。　　　　（同条3項）

4　期日の呼出し

> 代表当事者が選任されたときは，調停手続の期日の呼出しは，代表当事者に対してすれば足りる。　　　　　　　　　　　　　　　　（同条4項）

5　代表当事者の選任の勧告

> 調停委員会は，必要があると認めるときは，当事者に対し，代表当事者の選任を勧告することができる。　　　　　　　　　　　　　　　（同条5項）

　　調停委員会は，当事者に対し，代表当事者の選任を勧告することができるが，この勧告には強制力はない。

第4　合意による暫定的措置の勧告

> 調停委員会は，必要があると認めるときは，当事者に対し，調停の成立を著しく困難にし，又はその円滑な進行を妨げる行為を合意により一時停止すべきことを勧告することができる。　　　　　　　　　　　　　（同38条）

第5　裁判官の調停への準用

第37条第5項及び前条の規定は，裁判官だけで調停を行う場合に準用する。

（同39条）

第7章　特定調停事件

第1　特定調停事件
1　特定調停事件の意義
　　特定調停事件は，「特定債務等の調整の促進のための特定調停に関する法律」（平成11年法律第158号）の規定によって受理された民事調停事件である。（後記第3の3）。事件記録符号は（特ノ）である。

　　なお，特調法の条文のうち5条，13条及び21条は，平成23年法律第53号により削除されている。

2　特定調停手続
　　特定調停手続は，貸金業者から金銭を借り入れたり，信販会社からカードで商品を購入したりしたが，契約どおりに支払ができない場合に，これらの債権者に対し，元本，利息，遅延損害金の減免，返済期限の延長や，返済方法の変更等を求める調停手続である。

第2　特定調停法の目的

> 　この法律は，支払不能に陥るおそれのある債務者等の経済的再生に資するため，民事調停法（昭和26年法律第222号）の特例として特定調停の手続を定めることにより，このような債務者が負っている金銭債務に係る利害関係の調整を促進することを目的とする。　　　　　　　　　　　　　　（特調法1条）

第3　定義
1　特定債務者

> 　この法律において「特定債務者」とは，金銭債務を負っている者であって，支払不能に陥るおそれのあるもの若しくは事業の継続に支障を来すことなく弁済期にある債務を弁済することが困難であるもの又は債務超過に陥るおそれのある法人をいう。　　　　　　　　　　　　　　　　　　　　　　　　（同2条1項）

　　特調法にいう**特定債務者**とは，金銭債務を負っている者であって，次のいずれかに当たるものをいう。

(1)　支払不能に陥るおそれのある個人又は法人

　　支払不能とは，債務者の弁済能力が欠乏して金銭調達の見込みがなく，即時に弁済すべき債務を一般的かつ継続的に弁済することのできない状態にあることである。

(2)　事業の継続に支障を来すことなく弁済期にある債務を弁済することが困難である事業者（個人又は法人）

(3)　債務超過に陥るおそれのある法人

　　債務超過とは，債務者の負担する債務が，その資産より上回ることである。破産原因である支払不能（破産法15条）又は債務超過（同法16条）が生じている場合でも，特定調停制度を利用することは可能である。

2　特定債務等の調整

> この法律において「特定債務等の調整」とは，特定債務者及びこれに対して金銭債権を有する者その他の利害関係人の間における金銭債務の内容の変更，担保関係の変更その他の金銭債務に係る利害関係の調整であって，当該特定債務者の経済的再生に資するためのものをいう。　　　　　　　　（同条2項）

　　特定債務等の調整とは，具体的には，債務の元本，利息等の全部又は一部の免除，弁済期の変更，担保物件の処分等について，債権者，担保物権者，債務者等の利害を調整すること等である。

3　特定調停

> この法律において「特定調停」とは，特定債務者が民事調停法第2条の規定により申し立てる特定債務等の調整に係る調停であって，当該調停の申立ての際に次条第1項の規定により特定調停手続により調停を行うことを求める旨の申述があったものをいう。　　　　　　　　　　　（同条3項）

　　特定調停は，民事調停の1類型であり，特調法は民調法の特例としての特定調停の手続を定めるものである。

　　債権者が特定調停の申立てをすることはできない。

4　関係権利者

> この法律において「関係権利者」とは，特定債務者に対して財産上の請求権を有する者及び特定債務者の財産の上に担保権を有する者をいう。（同条4項）

　　関係権利者とは，具体的には，特定債務者の借入債務に係る債権者，特定債務者に対して求償権を有する保証人，保有不動産に係る抵当権者等である。

第4　特定調停手続

1　特定調停の申立て

(1)　調停の申立て

　　調停の申立書には，申立ての趣旨及び紛争の要点を記載しなければならな

　い。(民調法4条の2第2項，第1編第3章第1の2，79頁)

(2)　特定調停の申立て

> 　特定債務者は，特定債務等の調整に係る調停の申立てをするときは，特定調停手続により調停を行うことを求めることができる。　　　　(同法3条1項)
>
> 　特定調停手続により調停を行うことを求める旨の申述は，調停の申立ての際にしなければならない。　　　　　　　　　　　　　　　　　(同条2項)

　　ア　特定調停を求める申述

　　　　特調法3条1項は，特定債務者に，特定調停手続により調停を行うことを求める旨の申述権を与えている。

　　イ　申立書における申立ての趣旨

　　　「1　債務額を確定したうえ債務支払方法を協定したい。」

　　　「2　特定調停手続により調停を行うことを求める。」

2　資料等の提出

> 　前項の申述をする申立人は，申立てと同時に(やむを得ない理由がある場合にあっては，申立ての後遅滞なく)，財産の状況を示すべき明細書その他特定債務者であることを明らかにする資料及び関係権利者の一覧表を提出しなければならない。　　　　　　　　　　　　　　　　　　　　　(同条3項)

(1)　特定債務者であることを明らかにする資料

　　　財産の状況，事業の状況，生活の状況を具体的に記載した書面を提出する。

> 　法第3条(特定調停手続)第3項の財産の状況を示すべき明細書その他特定債務者であることを明らかにする資料には，次に掲げる事項を具体的に記載しなければならない。
>
> 一　申立人の資産，負債その他の財産の状況
>
> 二　申立人が事業を行っているときは，その事業の内容及び損益，資金繰りその他の事業の状況
>
> 三　申立人が個人であるときは，職業，収入その他の生活の状況
>
> 　　　　　　　　　　　　　　　　　　　　　　　　(特調規則2条1項)

(2)　関係権利者の一覧表

　　　関係権利者とは，債権者及び担保権者であり，その氏名及び住所，債権等の発生原因及び内容を記載した一覧表を提出する。

> 法第 3 条第 3 項の関係権利者の一覧表には，関係権利者の氏名又は名称及び住所並びにその有する債権又は担保権の発生原因及び内容を記載しなければならない。
>
> (同条 2 項)

3　申立人が事業者等の場合

> 特定債務等の調整の促進のための特定調停に関する法律第 2 条（定義）第 3 項の特定調停の申立人が事業を行っているときは，当該申立人は，申立てと同時に（やむを得ない理由がある場合にあっては，申立ての後遅滞なく），関係権利者との交渉の経過及び申立人の希望する調停条項の概要を明らかにしなければならない。
>
> (特調規則 1 条 1 項)
>
> 特定調停の申立人が法人であるときは，当該申立人は，申立てと同時に（やむを得ない理由がある場合にあっては，申立ての後遅滞なく），当該申立人の使用人その他の従業者の過半数で組織する労働組合があるときはその労働組合の名称，当該申立人の使用人その他の従業者の過半数で組織する労働組合がないときは当該申立人の使用人その他の従業者の過半数を代表する者の氏名を明らかにしなければならない。
>
> (同条 2 項)

4　管轄

(1)　管轄

特定調停事件の管轄は，一般の調停事件と同様である。（特調法22条，民調法 3 条，後記第 7 民調法等との関係，205頁）

(2)　移送等

> 裁判所は，民事調停法第 4 条第 1 項ただし書の規定にかかわらず，その管轄に属しない特定調停に係る事件について申立てを受けた場合において，事件を処理するために適当であると認めるときは，職権で，土地管轄の規定にかかわらず，事件を他の管轄裁判所に移送し，又は自ら処理することができる。
>
> (特調法 4 条)

特定調停では，管轄区域外の関係権利者に対する申立てを含め，できる限り同一申立人の事件は 1 つの裁判所でまとめて処理することが望ましいことから，移送や自庁処理（民調法 4 条 1 項，44頁）の要件が緩和されている。

5　併合

> 　同一の申立人に係る複数の特定調停に係る事件が同一の裁判所に各別に係属するときは，これらの事件に係る調停手続は，できる限り，併合して行わなければならない。　　　　　　　　　　　　　　　　　　　　　　（同6条）

　　併合することがかえって手続の円滑な進行の妨げとなる可能性がある場合には，必ずしも併合する必要はなく，各事件を並行的に進行することができる。

6　民事執行手続の停止

(1)　民事執行手続の停止

　　特調法では，民調規則5条による民事執行手続の停止（第1編第3章第4の2(1)，前記95頁）の規定を拡充している。

> 　特定調停に係る事件の係属する裁判所は，事件を特定調停によって解決することが相当であると認める場合において，特定調停の成立を不能にし若しくは著しく困難にするおそれがあるとき，又は特定調停の円滑な進行を妨げるおそれがあるときは，申立てにより，特定調停が終了するまでの間，担保を立てさせて，又は立てさせないで，特定調停の目的となった権利に関する民事執行の手続の停止を命ずることができる。ただし，給料，賃金，賞与，退職手当及び退職年金並びにこれらの性質を有する給与に係る債権に基づく民事執行の手続については，この限りでない。　　　　　　　　　　（同7条1項）

　　特調法では，無担保で執行停止命令を発令することもできる。
　　執行停止命令の効力は，民事執行手続を特定調停の終了までの間，一時的に停止するにとどまり，既にされた執行処分を取り消す効力をもつものではない。したがって，差押えの効力は，そのまま維持されることになる。

(2)　民事執行手続の停止の申立て

> 　法第7条（民事執行手続の停止）第1項の申立ては，次に掲げる事項を明らかにし，かつ，その証拠書類を提出してしなければならない。
> 一　当該民事執行の手続の基礎となっている債権又は担保権の内容
> 二　前号の担保権によって担保される債権の内容
> 三　当該民事執行の手続の進行状況
> 四　特定債務等の調整に関する関係権利者の意向
> 五　調停が成立する見込み　　　　　　　　　　　　（特調規則3条1項）

(3)　申立後の手続

　　ア　申立人に対する面接

申立人から，現在の状況や執行手続の停止の必要性等について聴取する。
　イ　関係権利者の審尋

> 　特定調停に係る事件の係属する裁判所は，前項の申立てがあった場合におい
> て，必要があると認めるときは，当該民事執行の申立てをしている関係権利者
> を審尋することができる。　　　　　　　　　　　　　　　　　（同条 2 項）

　ウ　執行停止決定
　　　執行手続を停止する期間は，特定調停が終了するまでの間である。
　　　執行停止決定により，当然には執行手続は停止しないので，執行停止決
　　　定の正本等を執行裁判所に提出しなければならない。（第 1 編第 3 章第 4
　　　の 2 ⑷イ，98頁）
⑷　民事執行手続の続行

> 　前項の裁判所は，同項の規定により民事執行の手続の停止を命じた場合にお
> いて，必要があると認めるときは，申立てにより，担保を立てさせて，又は立
> てさせないで，その続行を命ずることができる。　　　　（特調法 7 条 2 項）

　　　停止された民事執行手続を続行する必要がある場合とは，停止命令後の債
　　　務者の態度等から，民事執行手続を停止しておくことが債権者の権利行使
　　　に対する妨害行為と認められるような場合等である。
⑸　理由の疎明

> 　前 2 項の申立てをするには，その理由を疎明しなければならない。
> 　　　　　　　　　　　　　　　　　　　　　　　　　　　　　（同条 3 項）

⑹　即時抗告

> 　第 1 項及び第 2 項の規定による決定に対しては，即時抗告をすることができ
> る。　　　　　　　　　　　　　　　　　　　　　　　　　　（同条 4 項）

⑺　担保についての民訴法の準用

> 　民事訴訟法（平成 8 年法律第109号）第76条，第77条，第79条及び第80条の
> 規定は，第 1 項及び第 2 項の担保について準用する。　　　　（同条 5 項）

　　　担保提供の方法（民訴法76条）等について，民訴法の規定が準用される。

7　民事調停委員の指定

裁判所は，特定調停を行う調停委員会を組織する民事調停委員として，事案の性質に応じて必要な法律，税務，金融，企業の財務，資産の評価等に関する専門的な知識経験を有する者を指定するものとする。　　　　　（特調法8条）

8　関係権利者の参加

特定調停の結果について利害関係を有する関係権利者が特定調停手続に参加する場合には，民事調停法第11条第1項の規定にかかわらず，調停委員会の許可を受けることを要しない。　　　　　　　　　　　　　　　　　（同9条）

特調法9条は民調法11条1項（73頁）の特則であり，関係権利者は，調停委員会の許可を要することなく，特定調停手続に参加することができるものとする規定である。

9　当事者の責務

(1)　残債務等の確定

特定調停においては，当事者は，調停委員会に対し，債権又は債務の発生原因及び内容，弁済等による債権又は債務の内容の変更及び担保関係の変更等に関する事実を明らかにしなければならない。　　　　　　　　　　（同10条）

(2)　相手方が提出すべき書面等

関係権利者である当事者及び参加人は，相当な期間（裁判所書記官が期間を定めて提出を催告したときは，その期間）内に，次に掲げる事項を記載した書面及びその証拠書類を提出しなければならない。
一　申立人に対する債権又は担保権の発生原因及び内容
二　前号の債権についての弁済，放棄等による内容の変更及び同号の担保権についての担保関係の変更　　　　　　　　　　　　　（特調規則4条1項）

(3)　弁済による債権の内容の変更

前項第二号に規定する弁済による債権の内容の変更を記載するときは，その算出の根拠及び過程を明らかにしなければならない。　　　　（同条2項）

10　文書等の提出

> 調停委員会は，特定調停のために特に必要があると認めるときは，当事者又は参加人に対し，事件に関係のある文書又は物件の提出を求めることができる。
>
> （特調法12条）

(1)　文書提出命令の要件

　　特定調停のために特に必要があるとは，債務の状況・残債務の額・特定債務者の資力など，特定調停を行うに当たって明らかにすべき重要な事実関係について，文書等の提出命令によって資料を収集し，事実関係を確定することが調停の成否に大きな影響を及ぼすと判断できることをいう。

(2)　事件に関係のある文書又は物件

　　事件に関係のある文書又は物件とは，特定債務者の資力・債務の状況の把握，具体的な残債務額の確定等のための契約書，帳簿等である。

【判例⑯】貸金業者は，債務者から取引履歴の開示を求められた場合には，その開示要求が濫用にわたると認められるなど特段の事情のない限り，貸金業の規制等に関する法律の適用を受ける金銭消費貸借契約の付随義務として，信義則上，その業務に関する帳簿に基づいて取引履歴を開示すべき義務を負う。（最3小判平17・7・19民集59巻6号1783頁，判時1906号3頁，判タ1188号213頁）

> 債務者等又は債務者等であつた者その他内閣府令で定める者は，貸金業者に対し，内閣府令で定めるところにより，前条の帳簿（利害関係がある部分に限る。）の閲覧又は謄写を請求することができる。この場合において，貸金業者は，当該請求が当該請求を行つた者の権利の行使に関する調査を目的とするものでないことが明らかであるときを除き，当該請求を拒むことができない。
>
> （貸金業法19条の2）

(3)　文書の提出を求める場合の制裁の告知等

> 調停委員会は，法第12条（文書等の提出）の規定により文書又は物件の提出を求める場合には，同時に，その違反に対する法律上の制裁を告知しなければならない。　　　　　　　　　　　　　　　　　　　（特調規則6条1項）
>
> 調停委員会は，必要があると認めるときは，法第12条の規定により提出された文書又は物件を裁判所に留め置くことができる。　　　　　　（同条2項）

(4)　文書等の不提出に対する制裁

> 　当事者又は参加人が正当な理由なく第12条（第19条において準用する場合を含む。）の規定による文書又は物件の提出の要求に応じないときは，裁判所は，10万円以下の過料に処する。　　　　　　　　　　　　　（特調法24条1項）
> 　民事調停法第36条の規定は，前項の過料の決定について準用する。
> 　　　　　　　　　　　　　　　　　　　　　　　　　　　　　（同条2項）

【判例⑰】特定調停における債権者が，今後は特定債務者に貸金返還請求しないこと及び裁判所が民事調停法17条に基づく貸金債務不存在確認決定を行っても異議を述べないことを文書で明らかにした場合，当該債権者に対し特調法12条所定の文書提出命令を発することは相当でないから，当該命令違反につき過料の制裁を課すべきではない。（大阪高決平15・5・27金融商事1204号50頁）

11　官庁等からの意見聴取

> 　調停委員会は，特定調停のために必要があると認めるときは，官庁，公署その他適当であると認める者に対し，意見を求めることができる。(同14条1項)
> 　調停委員会は，法人の申立てに係る事件について特定調停をしようとするときは，当該申立人の使用人その他の従業者の過半数で組織する労働組合があるときはその労働組合，当該申立人の使用人その他の従業者の過半数で組織する労働組合がないときは当該申立人の使用人その他の従業者の過半数を代表する者の意見を求めるものとする。　　　　　　　　　　　（同条2項）

(1)　官庁，公署その他適当であると認める者

　　官庁，公署その他適当であると認める者とは，特定債務者の事業を監督する行政機関，税務署等である。

(2)　労働組合等からの意見聴取

　　特定調停の申立人が法人である場合には，従業員の意見を集団的に聴くこととされている。

(3)　意見を求める方法

　　意見を求める方法としては，調停期日に出席して意見を述べることや書面，電話等で意見を述べてもらうことになる。

12　調停委員会が提示する調停条項案

> 　調停委員会が特定調停に係る事件の当事者に対し調停条項案を提示する場合には，当該調停条項案は，特定債務者の経済的再生に資するとの観点から，公正かつ妥当で経済的合理性を有する内容のものでなければならない。(同15条)

　経済的合理性を有するとは，債権者にとっては，譲歩をしないで債務者が破産に至るよりも，譲歩をして合意をする方が経済的にみて有利であることをいう。

第5　特定調停の終了
1　特定調停をしない場合
(1)　特定調停の拒否

> 　特定調停においては，調停委員会は，民事調停法第13条に規定する場合のほか，申立人が特定債務者であるとは認められないとき，又は事件が性質上特定調停をするのに適当でないと認めるときは，特定調停をしないものとして，事件を終了させることができる。(同11条)

　特定調停においては，民調法13条に規定する場合（132頁）に加えて，申立人が特定債務者であるとは認められないとき，又は事件が性質上特定調停をするのに適当でないと認めるときも，特定調停をしないものとして，事件を終了させることができる。

(2)　当事者に対する通知

> 　民事調停規則第22条（当事者に対する通知）第1項の規定は，法第11条（特定調停をしない場合）又は第18条（特定調停の不成立）の規定により事件が終了した場合について準用する。(特調規則5条)

2　調停条項案の書面による受諾
(1)　調停条項案の書面による受諾

> 　特定調停に係る事件の当事者が遠隔の地に居住していることその他の事由により出頭することが困難であると認められる場合において，その当事者があらかじめ調停委員会から提示された調停条項案を受諾する旨の書面を提出し，他の当事者が期日に出頭してその調停条項案を受諾したときは，特定調停において当事者間に合意が成立したものとみなす。(特調法16条)

(2)　民訴規則の準用

民事訴訟規則第163条（和解条項案の書面による受諾）の規定は法第16条（調停条項案の書面による受諾）の規定による調停条項案の提示及び受諾並びに同条の規定により当事者間に合意が成立したものとみなされる場合について，同規則第164条（裁判所等が定める和解条項）の規定は法第17条（調停委員会が定める調停条項）の規定により調停委員会が調停条項を定める場合について準用する。　　　　　　　　　　　　　　　　　　　　　　　　　　（特調規則7条）

3　調停委員会が定める調停条項

(1)　調停委員会が定める調停条項

特定調停においては，調停委員会は，当事者の共同の申立てがあるときは，事件の解決のために適当な調停条項を定めることができる。（特調法17条1項）

(2)　調停条項の内容

前項の調停条項は，特定債務者の経済的再生に資するとの観点から，公正かつ妥当で経済的合理性を有する内容のものでなければならない。（同条2項）

4　特定調停の不成立

特定調停においては，調停委員会は，民事調停法第14条の規定にかかわらず，特定債務者の経済的再生に資するとの観点から，当事者間に公正かつ妥当で経済的合理性を有する内容の合意が成立する見込みがない場合又は成立した合意が公正かつ妥当で経済的合理性を有する内容のものであるとは認められない場合において，裁判所が同法第17条の決定をしないときは，特定調停が成立しないものとして，事件を終了させることができる。　　　　　（同18条1項）
民事調停法第19条の規定は，前項の規定により事件が終了した場合について準用する。　　　　　　　　　　　　　　　　　　　　　　　　　　（同条2項）

(1)　調停の拒否と調停の不成立

特調法11条（203頁）は，特定調停事件の要件を欠き，事件が性質上特定調停をするのに適当でない場合に調停を拒否する規定である。これに対し，特調法18条は，調停を拒否すべき場合以外で，当事者間に公正かつ妥当で経済的合理性を有する内容の合意が成立する見込みがない場合等に，特定調停の不成立として事件を終了させることができるとする規定である。

(2)　特定調停不成立の場合の訴えの提起

　　　特定調停が不成立となった場合における訴えの提起については，一般の民
　　事調停と同様の取扱いがなされる。（前記第1編第4章第5の6，135頁）

5　調停に代わる決定

> 　第17条第2項の規定は，特定調停に係る事件に関し裁判所がする民事調停法
> 第17条の決定について準用する。　　　　　　　　　　　　　　　　（同20条）

　　　特定調停事件についても，裁判所は，民調法17条の規定によって調停に代わ
　　る決定をすることができる。決定後，所定の期間内に異議の申立てがなけれ
　　ば，決定は，裁判上の和解と同一の効力を有することになる。（144頁）

第6　裁判官の特定調停への準用

> 　第9条から前条までの規定は，裁判官だけで特定調停を行う場合について準
> 用する。　　　　　　　　　　　　　　　　　　　　　　　　　　（同19条）
> 　第4条から前条まで（相手方が提出すべき書面等，当事者に対する通知，文
> 書の提出を求める場合の制裁の告知等及び調停条項案の書面による受諾等）の
> 規定は，裁判官だけで特定調停を行う場合について準用する。（特調規則8条）

第7　民調法等との関係

1　民調法との関係

> 　特定調停については，この法律に定めるもののほか，民事調停法の定めると
> ころによる。　　　　　　　　　　　　　　　　　　　　　　　　（特調法22条）

　　　特調法は，民調法の特例として特定調停の手続を定めるものである（特調法
　　1条，194頁）から，特定調停については，特調法が民調法に優先して適用さ
　　れるが，特調法に定めがない事項については，民調法が適用される。

2　民調規則との関係

> 　特定調停については，この規則に定めるもののほか，民事調停規則の定める
> ところによる。　　　　　　　　　　　　　　　　　　　　　　　（特調規則9条）

3　最高裁判所規則

> 　この法律に定めるもののほか，特定調停に関し必要な事項は，最高裁判所規
> 則で定める。　　　　　　　　　　　　　　　　　　　　　　　　（特調法23条）

【調停条項例1】 貸金請求事件

1　相手方は，申立人に対し，本件借受金債務として○○万○○○○円（残元金○○万円，未払利息○○○○円，遅延損害金○○○○円）の支払義務があることを認める。
2　相手方は，申立人に対し，前項の金員を次のとおり分割して，申立人名義の口座（○○銀行○○支店，普通預金口座，口座番号○○○○）に振り込む方法により支払う。
　⑴　令和○年○月から同○年○月まで毎月末日限り各○万円ずつ
　⑵　令和○年○月末日限り○万○○○○円
3　相手方が前項の分割金の支払を怠り，その金額が○万円に達したときは，当然に期限の利益を失い，相手方は，申立人に対し，1項の金額から既払額を控除した残金及びこれに対する期限の利益を失った日の翌日から支払済みまで年○パーセントの割合による遅延損害金を付して直ちに支払う。
4　申立人は，その余の請求を放棄する。
5　申立人と相手方は，申立人と相手方との間には，本件に関し，この調停条項に定めるもののほか，何らの債権債務がないことを相互に確認する。
6　調停費用は各自の負担とする。

【調停条項例2】交通事故損害賠償請求事件

1　申立人と相手方は，本件交通事故による損害賠償債務として，相手方は申立人に対し〇〇万〇〇〇〇円の，申立人は相手方に対し〇〇万〇〇〇〇円の，各支払義務があることを相互に確認する。

2　申立人と相手方は，前項の申立人及び相手方の両債権を対当額で相殺する。

3　相手方は，申立人に対し，前項による相殺後の残債務〇〇万〇〇〇〇円を令和〇年〇月末日限り，申立人代理人名義の口座（〇〇銀行〇〇支店，普通預金口座，口座番号〇〇〇〇）に振り込む方法により支払う。

4　申立人は，その余の請求を放棄する。

5　申立人と相手方は，申立人及び相手方との間には，本件交通事故に関し，この調停条項に定めるもののほか，何らの債権債務がないことを相互に確認する。

6　調停費用は各自の負担とする。

【調停条項例3】建物明渡請求事件

1　申立人と相手方は，当事者間の別紙物件目録記載の建物（以下「本件建物」という。）についての賃貸借契約を，本日合意解除する。

2　申立人は，相手方に対し，本件建物の明渡しを，令和○年○月○日まで猶予する。

3　相手方は，申立人に対し，2項の期日限り本件建物を明け渡す。

4　申立人は，相手方に対し，令和○年○月○日から同○年○月○日までの間の本件建物についての未払賃料及び同○年○月○日から2項の明渡猶予期限までの賃料相当損害金の各支払義務を免除する。

5　申立人と相手方は，申立人と相手方との間は，本件に関し，この調停条項に定めるもののほか，何らの債権債務がないことを相互に確認する。

6　調停費用は各自の負担とする。

【調停条項例4】 賃料減額請求事件

1　申立人と相手方は，相手方が申立人に賃貸している別紙物件目録記載の土地（以下「本件土地」という。）の賃料が，令和○年○月○日以降年額○○万円に減額されたことを確認する。

2　申立人と相手方は，将来，1項の賃料を増減額しようとする場合には，事前に誠実な協議をした上，賃料を改定するものとする。

3　申立人は，その余の請求を放棄する。

4　申立人と相手方は，申立人と相手方との間は，本件に関し，この調停条項に定めるもののほか，何らの債権債務がないことを相互に確認する。

5　調停費用は各自の負担とする。

【調停条項例5】特定調停に代わる決定

令和○○年（特ノ）第○号　特定調停事件

決　　　　　　　定

○○県○○市○○丁目○番○号
　　　　　　申　　立　　人　　○　○　○　○
○○県○○市○○丁目○番○号
　　　　　　相　　手　　方　　株　式　会　社　○　○
　　　　　　代表者代表取締役　　○　○　○　○

　当裁判所は，標記事件について，本件調停委員会の構成員である民事調停委員の意見を聴いた上，特定債務者の経済的再生に資するとの観点から，当事者双方の衡平その他一切の事情を考慮して，特定債務等の調整の促進のための特定調停に関する法律20条，22条，民事調停法17条に基づき，次のとおり決定をする。

主　　　　　文

1　申立人は，相手方に対し，本件借受金債務として○万○○○○円（元金○○万○○○○円，未払利息○万○○○○円，遅延損害金○万○○○○円）の支払義務があることを認める。

2　申立人は，相手方に対し，前項の金員を次のとおり分割して，相手方の普通預金口座（○○銀行○○支店，普通預金口座，口座番号○○○○）に振り込む方法で支払う。

　⑴　令和○年○月から同○年○月まで毎月末日限り各○万円

　⑵　令和○年○月末日限り○万○○○○円

3　申立人が前項の分割金の支払いを２回以上怠り，その合計が○万円に達したときは，申立人は当然に期限の利益を失い，申立人は，相手方に対し，１項の残金及び残元金に対する期限の利益を失った日の翌日から支払い済みまで年○パーセントの割合による遅延損害金を付して直ちに支払う。

4　当事者双方は，本件に関し，申立人と相手方との間には，この条項に定めるもののほか，何らの債権債務がないことを相互に確認する。

5　調停費用は各自の負担とする。

　　　　　令和○○年○月○日

　　　　　○○簡易裁判所

　　　　　裁　判　官　　○　○　○　○

（注　意　事　項）
　当事者は，この決定に不服がある場合は，決定の告知を受けた日から2週間以内に，当裁判所に対し異議の申立てをすることができる。
　適法な異議の申立てがあったときは，この決定は効力を失う。適法な異議の申立てがないときは，この決定は，裁判上の和解と同一の効力を有する。

事 項 索 引

条 文 索 引

判 例 索 引

著者略歴　　　　三　好　一　幸
（み　よし　かず　ゆき）

　昭和29年4月30日生，東京都立大学（首都大学東京）法学部卒業，平成12年8月東京簡易裁判所判事，14年4月広島簡易裁判所判事，17年3月さいたま簡易裁判所判事，20年4月甲府簡易裁判所判事，23年3月東京簡易裁判所判事，26年3月伊那・岡谷簡易裁判所判事，29年3月東京簡易裁判所判事，令和2年3月秩父簡易裁判所判事，現在に至る。

　著書　「民事訴訟の理論と実務」　　　　　　平成27年，司法協会
　　　　「略式手続の理論と実務」【第二版】平成29年，司法協会
　　　　「民事保全の理論と実務」　　　　　　平成30年，司法協会
　　　　「刑事公判の理論と実務」【第二版】令和元年，司法協会
　　　　「令状審査の理論と実務」【第二版】令和2年，司法協会
　　　　「少額訴訟の理論と実務」　　　　　　令和3年，司法協会
　　　　「民事調停の理論と実務」【第二版】令和4年，司法協会

民事調停の理論と実務【第二版】

2022年2月　第1刷発行
2023年12月　第2刷発行

著　　　者　　　三　好　一　幸
発　行　人　　　松　本　英　司
発　行　所　　　一般財団法人　司　法　協　会
　　　　　　　　〒104-0045　東京都中央区築地1-4-5
　　　　　　　　第37興和ビル7階
　　　　　　　　出版事業部
　　　　　　　　電話（03）5148-6529
　　　　　　　　FAX（03）5148-6531
　　　　　　　　http://www.jaj.or.jp

落丁・乱丁はお取り替えいたします。印刷製本／星野精版印刷（株）（148）
ISBN978-4-906929-93-1　C3032　￥2700E